ビジネスレジリエンス思考法

上田和勇｜著
Ueda Kazuo

How to think about
Business Resilience

リスクマネジメントによる
危機克服と成長

同文舘出版

はしがき

日本の会社の数は平成二四（二〇一二）年、約四一二万社あり、従業員の数は約四、三〇〇万人ぐらいといわれている。日本の国民の約三人に一人は何らかの企業に所属し、そこで働き生計を立てていることになる。一日の大半を、また人生の大半を何らかの仕事を通して過ごしている。経営が順調で、仕事も面白く、報酬も許容範囲内で、家族も元気であれば大きな問題はなく、幸福な日々が続くかもしれない。

ギャラップ社は人の幸福に関する調査を、一九五〇年代から一五〇カ国において実施してきた結果、人の幸福を決定する次の五つの要素、しかもそれが世界中のどんな国の人にも当てはまる五つの要素を発見した（Rath and Harter（森川訳［二〇一一］）八-九頁）。

①仕事への情熱（生計を立てるための仕事だけではなく、ボランティア活動、子育て、勉強など、一日の大半を費やしていることをいう）、②よい人間関係、③経済的な安定、④心身ともに健康、⑤地域社会への貢献

これら五つの要素のうち、全体的な「人生の幸福」を考えた時に、「仕事の幸福」は最も重要で根幹をなすという(『前掲訳書』二五頁)。最も多くの時間を費やすことが、その人を作り上げるので、ここでいう仕事において幸福度が低いと、やがては人間関係、経済的な安定、健康を損ない、地域社会への貢献もできない。つまり、仕事において幸福度が低いと他の四つの幸福の要素も悪化させてしまう(『前掲訳書』二六頁)。

しかし、どんな個人、組織そして企業も長い人生や会社生活において、間違いなく何度か困難な局面に直面する。企業の場合、創業した会社が一〇年以上存続する会社は全体の約六%というデータ、つまり、九四%の会社が創業後、一〇年以内に消えているデータが企業の短命さを示している。

NHKの放映番組「クローズアップ現代」(二〇一六年二月十七日)によると、倒産とまではいかなくても、後継者がいないことなどにより「廃業」をする中小企業の数は、二〇一五年で二六、六九九社である。倒産企業の二・七倍の数の会社が廃業している(廃業会社の約七五%は後継ぎがいないことによる)。一日の間に七三社の廃業になる。倒産企業と廃業企業の数は合わせて三五、五一一社であり、一日当たり約九七社の倒産・廃業になる。一時間あたり四社の倒産・廃業である。こうしたことが起きるたびに、経営者、社員、多くの利害関係者が苦杯をなめなければならない。

企業や組織の疲弊や破綻が、経営者、社員、その家族他に多大な経済的、精神的ダメージを与えることはいうまでもない。破綻企業の経営者はもとより、社員、社員の家族は悲嘆に暮れるだろう。会社の寿命が短命な原因や背景には、いろいろなものがある。例えば、情報漏洩、商品の品質に関する問題（欠陥など）、経営者および社員の倫理リスクを犯すことによる信用の失墜、連鎖倒産、地震・災害による社員の人的・物的大損害などである。これらが企業に重大な損失を与え、破綻等の結果を招く。

また、会社の社員レベルでは、例えば会社で大切な役割を失った時、仕事の内容や量に大きな変化があった時、会社の経営に影響を及ぼす重大なミスをした時、働きがいを喪失した時、リストラなどによる不安が絶えない時、長期に失業した時など、会社人や家族には重大な危機感が生じ、心の苦痛や絶望感が生まれる。さらに、社員個人の家族内での諸問題、例えば子供の不登校、家族の病気、老親の介護の問題などが会社生活、会社での活動にマイナスの影響を与え精神的疾患に至ることも少なくない。

個人のプライベートなレベルでは、病気やけがによる挫折、災害による経済的・精神的損失、家族との死別、受験の失敗、信頼する人の裏切り、愛する人との別れなど――。こうした事柄が、個人に精神的、肉体的、経済的苦痛を与える。

社員は一人の人間であり、また家族の構成員であり、会社の構成員でもある。個人、家族、企業間の様々な問題が我慢の限界に達した時、個人も企業もきわめて大きなリスクを顕在化させる。こうしたことに直面する事態を逆境といってもいいし、危機に直面したといってもいい。

企業や個人が逆境・危機に直面した時に、ポキンと折れてしまい、無為に身を任せ、時の流れのままに人生を終えてしまうのか、それとも、勇気を振り絞ってリスクを直視し、自分にある夢や希望を見失うことなく、状況打破、危機突破のために最善を尽くすのかにより、その後の人生の幸福度や企業行動への利害関係者からの評価は明らかに異なったものになる。もちろん、個人が逆境に直面した時の心情や対応と、企業が逆境に陥った時のそれとでは異なろう。しかし、逆境から立ち直り、持続的な成長を達成した人や経営者のケースをみると、そこにほぼ共通の復元力（レジリエンス、Resilience）の要素をみることができる。そして、筆者は逆境からの復元力は、個人レベルでは幼少から、企業レベルでは平時から、それを醸成するプログラムにより、その力やスキルを伸ばすことができると考えている。

本書の大きな目的は、リスクや危機に直面した時に、リスクから逃げず、状況を把握し、乗り越えてきた人や企業にまず焦点を当て、そこに見る共通の要素を探り、それらをこれからの人生の満足度や精神的成長、そして企業生活、企業経営の在り方に関する指針として役立てていくための思考方法や方策を具体的に検討することである。

本章の構成は、概ね次のようになっている。まず第一に、逆境の基となるリスクについて、その特徴などを検討し、次にそれらリスクをいかにマネジメントするかのリスクマネジメントの要諦について検討する。言い換えれば、企業が逆境に陥る背景や原因そしてそれに対応するための基本的なリスクマネジメントの思考について検討する。

第二に、レジリエンスとは何か、なぜレジリエンス思考が今、必要なのかについて検討する。

第三に、レジリエンス研究の発展過程をレビューするとともに、レジリエンス思考は、個人、地域、企業そして国レベルで必要である点について検討する。

第四に、企業経営におけるレジリエンス問題を検討する際に、どうしても避けられない問題に「企業とは何か」についての本質的問題がある。この点について、社員の幸福感を重視してきた企業の事例とともに検討する。

第五に、ビジネス・レジリエンスの基となる諸理論、特に幸福感の醸成と関わる「ビジネスにおけるフロー理論」、「幸福感のマネジメント」について検討する。

第六に、レジリエンスを構成する共通の根源的要因を探るため、現実に逆境に直面し、そこから復元してきた企業の事例を検討するとともに、復元力と持続力を涵養するための施策の方向性についても検討する。

終章では、ビジネス・レジリエンス力の多くはコントロール可能なものであるという視点から、ソフトな面である社員や経営者の内面からみたビジネス・レジリエンスに関わる重要な要因をまとめとして検討する。その際、同時にハードな面に関わる具体的施策も必要に応じ付加しながら、レジリエンス思考のマネジメント・プロセスとそのチェックポイントを検討する。

現代の企業経営を取り巻く環境はこれまでになく不安定である。不安定な状況下でも目標がぶれず、柔軟な思考で、現実的な対応をしていく力が求められる。レジリエンスはそのための思考を育んでくれる概念であり、それをもとに幸福への道に進むための方策でもある。本書で検討するビジネス・レジリエンスの思考が、より多くの人と共有され、普段から企業内に組み込まれていくことが筆者の願いである。

本書刊行にあたっては、『企業倫理リスクのマネジメント』に引き続いて、同文舘出版の市川良之氏にお世話になった。ここに心より感謝の意を表する次第である。

二〇一六年六月

上田　和勇

◉ 目　次

第４章　ビジネス・レジリエンス思考と企業経営の本質
――社員の幸福感と企業成長の関係――

第6章　事例にみるレジリエンス思考
――レジリエンスを構成する共通要因――

ビジネス・レジリエンス思考法

――リスクマネジメントによる危機克服と成長――

第1章　リスクとリスクマネジメントの要諦

「はしがき」で既に述べたように、本書のテーマであるレジリエンスを考える際、まず第一に、逆境の源となるリスクについて、考えることが重要と思われる。そして、その上でそれらリスクをいかにマネジメントするかのリスクマネジメントのポイント、言い換えれば、企業が逆境に陥る背景や原因、そしてそれに対応するための基本的なリスクマネジメントの考え方について検討することが、第2章以降でみるレジリエンス思考の理解につながることになる。

(1)　人と組織は常にリスクに直面

個人や組織は誕生と同時に、リスクというものに直面する。リスクのない世界はありえず、リスクの存在ゆえに悲しみと喜びが生まれる。リスクのうちマイナスの影響（損失の可能性）を与えるリスクを、何らかのコストを負担してでも効果的に管理し、損失の軽減ができれば、また同時にリスクのうちプラスの影響を与える（チャンスの可能性を含む）リスクについてそのプラス面を最大化できれば、個人や組織の幸せや成長への重要な一歩になる。

（2）個人や組織にマイナスの影響のみを与える純粋リスク

例えば、病気、けが、老齢、自然災害（地震、津波、洪水、山火事ほか）、交通事故、労災事故、火災、爆発、交通事故における賠償責任の負担、企業の損害賠償責任の負担（例：欠陥商品による製造物賠償責任の負担）などが、その一例である。こうした出来事の発生は明らかに個人、企業、組織にマイナスの影響のみを生じさせるリスクであり、多くの経済的損失および信頼、ブランド力、評判低下などの無形価値の損失が生じる。

（3）マイナスの影響とともにプラスの影響を与える投機的リスク

例えば、株価の変動による投資家の利得と損失の双方の可能性、企業の新商品の成功あるいは失敗による利得と損失の双方の可能性、為替相場の変動による輸出入企業や個人の負担の不確実性、企業の社会的責任投資への注目による企業評価の向上、逆に企業の不祥事によるイメージ低下とそれに伴う株価下落、売上不振などが、その一例である。現代の多くの個人の取引、ビジネス取引は、従来以上にこうしたリスクによるプラスの影響またはマイナスの影響を当該個人や組織に与える。

企業のリスクマネジメントでは、近年、上記に示した利得と損失双方の可能性を含んだリスク、とりわけ戦略リスク（戦略の成否による不確実性）が企業経営に与える影響が非常に

図表1－1　株価に影響を与えたリスク
（フォーチュン誌、対象会社1,000社）

戦略リスク（58%）	需要の減退（24％）、競争上の圧力（12％）、M&A問題（７％）、商品問題（６％）、その他（９％）
オペレーショナル・リスク（31%）	コスト割れ（11%）、不正会計（７％）、非効率的経営（７％）、サプライチェーンからの圧力（６％）
金融リスク（６％）	為替、価格、株価変動
自然災害他のリスク（５％）	地震、津波、台風、洪水、異常気象他

（出典）上田［2014］41頁。

大きくなっている。

レオナルド・ブルークス[1]は、図表1－1にあるように一九九三年から一九九八年の六年間にフォーチュン誌に掲載された一、〇〇〇社の会社の株価を二五％以上、下落させたリスクの五八％が戦略リスクであるという調査結果を示しており、戦略リスクマネジメントの巧拙が企業価値に大きな影響を与えることがわかる。

(4) リスクの発生確率と発生した場合の強さ

特定のリスクが発生するかどうかは不確実である。言い換えればリスクには「不確実性」があり、これを数値として表したものが「確率」である。例えば、特定の人間が一年間に交通事故（リスク）に巻きこまれる確率は、「一年間の人身事故件数÷日本の総人口数」で求めることができる。この確率は、分子の特定のリスクが出現する頻度から導き出される数値であり、不確実さの度合いを示す数値である。特定事象の起きる確率を計算式で示したのが、下の公式1－1である。この発生確率は、分母の数や試行の回数を増やしていくと次第に一定値に近づく現象があり（大数の法則）、リスクを統計的に把握する場合の基本的な原則である。

またリスクが発生した場合、その結果の大きさを「強度」（Severity）として表すことができる。この「リスクの強度」はリスクにさらされる対象物の価値や損傷度により測定できる。例えば、火災により建物や機械設備、収容品等の価値は算出可能である[2]。

公式1－1　確率の計算式

$$\text{特定事象の起る確率} = \frac{\text{特定事象の起った回数}}{\text{資料の総数または試行の回数}}$$

（出典）日吉［2002］4頁。

(5)　リスクを助長する様々な要因（ハザード）

例えば、火災発生の背景には、異常乾燥、強風、火の不始末などといった自然環境および人間の注意力欠如といった要因があり、これらの要因の存在が火災の発生確率、火災による損害の大きさに影響を与える。これらの要因を総称してハザード（Hazard）[3]と呼ぶ。やや細かくなるが、リスクを狭義に捉える保険学の分野では、こうしたハザードとリスクやロス（損失）の関係を次のように捉える。つ

図表1－2　火災におけるハザードとロスの関係

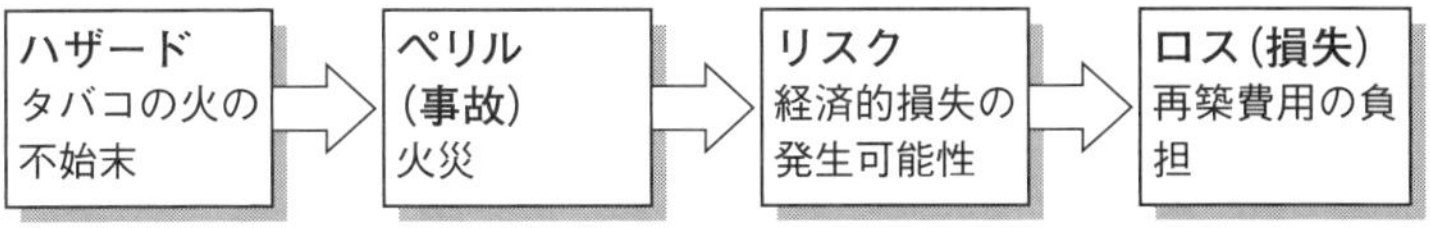

まり、ハザード（例：タバコの火の不始末）が火災という事故（Peril）を招き、その結果、建物の所有者に再築費用の負担という経済的損失の発生可能性（Risk）が生じ、それが現実のものとなったときに建物所有者に経済的損失（Loss）が生じるという一連の関係である（図表1－2参照）。

　こうした一連の関係は、何らかのハザードがリスクをよび、それがマイナスの影響のみを生じさせ（純粋リスク）、最終的にロスにいたるケースを想定しているが、前述したようにリスクにはマイナス影響またはプラスの影響（チャンスや利益の可能性）も同時に生じさせうるものがある。つまり何らかのハザードがリスクをよび、それがマイナスの影響またはプラスの影響（チャンスや利益の可能性）を生じさせる場合である。この種の投機的リスクは、マイナス影響に結びつくハザードやリスクをいかに管理するかにより、プラスの影響の生起確率が増大し、その結果、利益等が生じる場合もある。これは多様な経営リスクを検討する場合に特に問題となる。

　例えば、新商品が製造物賠償責任に問われるリスク（Product Liability Risk、以下、ＰＬリスク）のハザードには、安全管理欠如、有能技術者の退社、企業内におけるコンプライアンス体勢の欠如など、いくつかのハザード

図表1－3　新商品開発におけるハザードとロスまたはゲインの関係

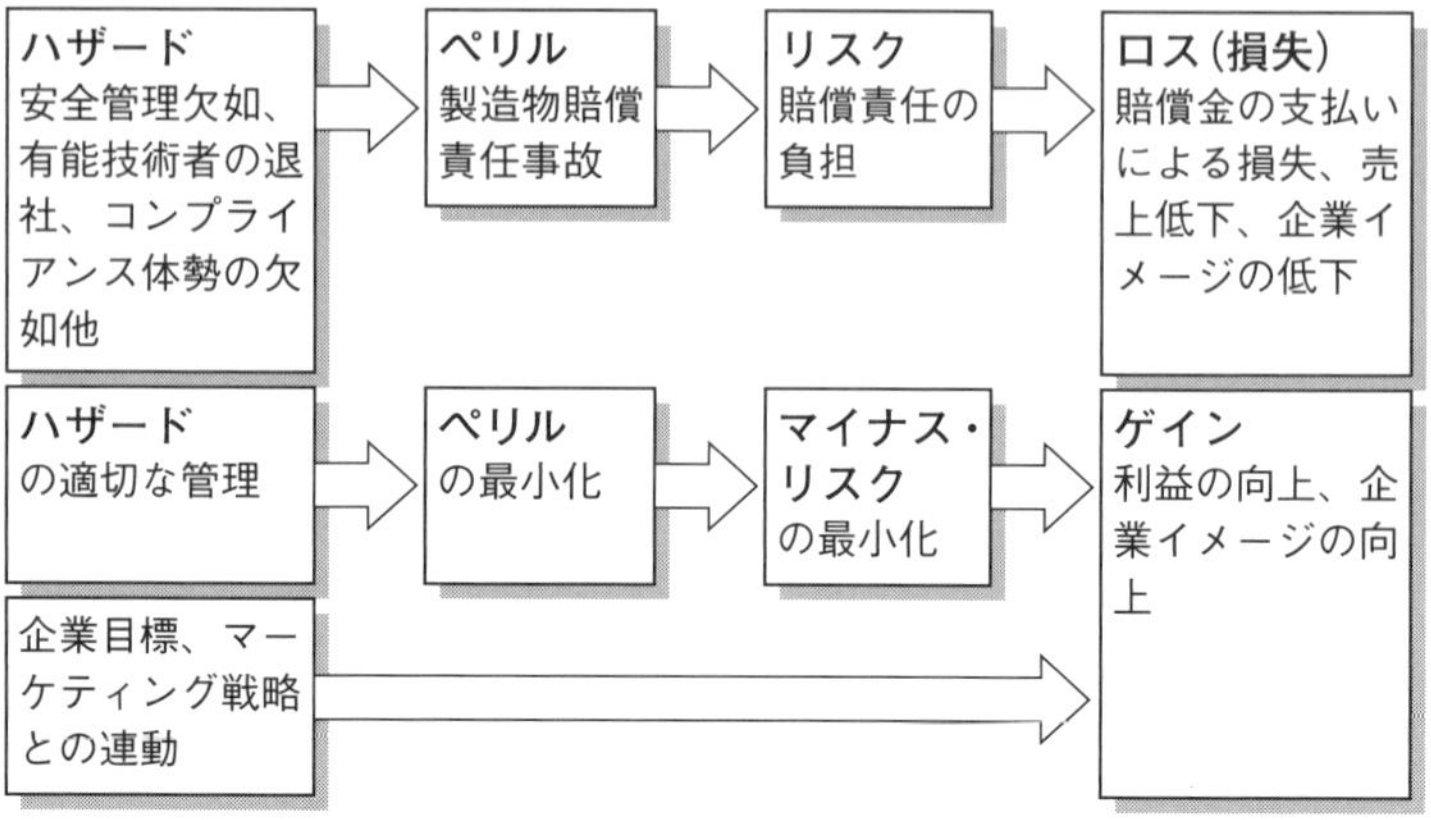

が考えられ、これらの管理が適切でなければ新製品開発に伴うPL事故の可能性を増大させ、最終的に多くの損失にいたる。逆にこうしたハザードの適切な管理およびマーケティング戦略等との連動により、新商品の売上増大、企業イメージの向上等の利益に結びつく（図表1－3参照）。

　このように、ハザードは自然災害リスクの発生のみならず、経営リスク等の様々なリスク発生にも関係しており、リスクマネジメントは、ハザードとリスクそしてロス（損失）またはチャンスの関係を把握するとともに、それらの連鎖を管理する対応を考える必要がある。

　本書では、これまでの①ハザード→②ペリル→③リスクまたはクライシス→④ロスの一連の連鎖により企業が破綻した後の復元力の問題を主に検討する

図表1－4　破綻後の復元力の醸成要因

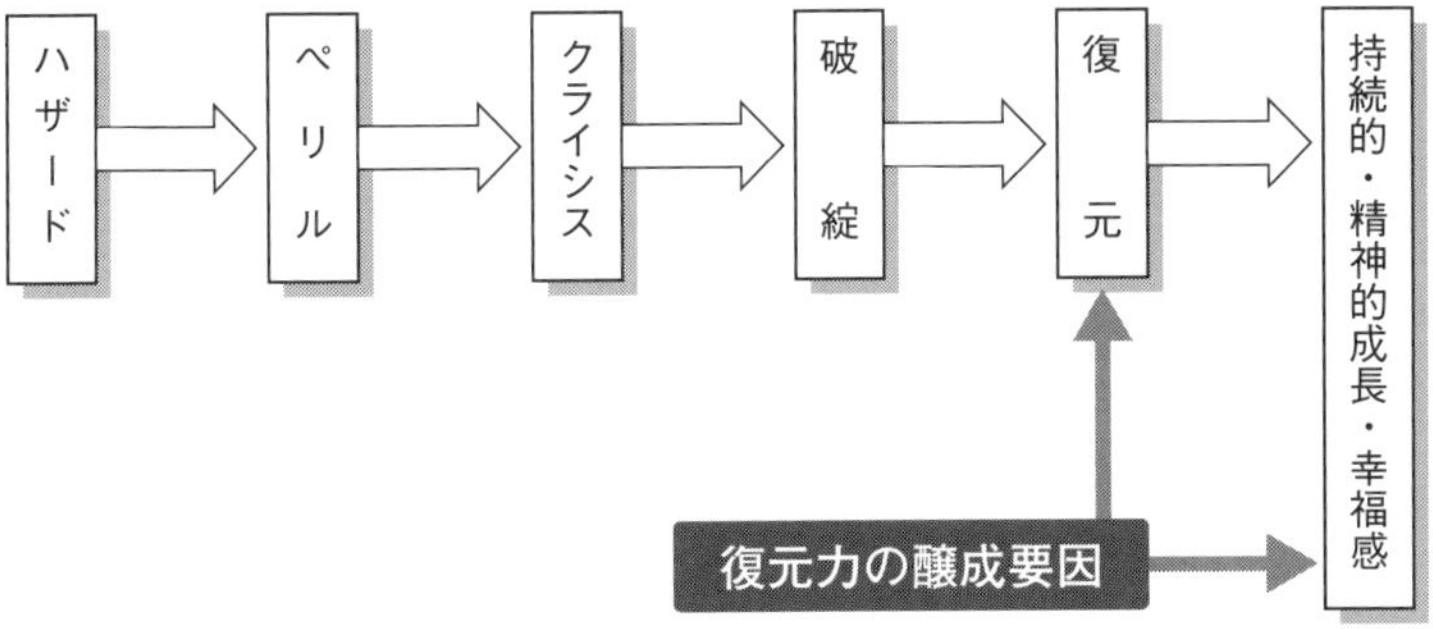

ので、上記4要因以外に、破綻後の逆境から復元し、成長過程にのるための諸要因が検討される（図表1－4）。

(6) リスクの大きさの測定

リスクの大きさがどのぐらいになるのかを理解するときの第一段階は、リスクの発生確率とリスクがもたらす影響の大きさ（強度）を把握し、この二つの要因を掛け合わせることにより求めることができる（公式1－2参照）。

発生確率が低くても、一旦、リスクが発生すると影響（強度）が強く表れるリスクもあれば、その逆もあり、様々なケースがある。最終的なリスクの大きさは、これら二つの要因の積により求めることができる。

例えば次のように場所、構造が異なる二つの建物があり、それぞれの建物に生じる河川氾濫時のリスクの大きさは、損害発生の確率と損害の強度（損害額）を掛け合わせることにより数量的に求めることができる。

公式1－2　リスクの大きさと発生確率、強度

リスクの発生確率（Probability）	×	リスクの強度（Severity）	＝	リスクの大きさ（Magnitude）

（出典）日吉［2002］14頁。

建物ＡとＢに生じる河川の氾濫によるリスクの大きさは、例えば河川の氾濫が生じる発生確率のみで考えれば、明らかに低地にある建物Ａの方が大きく、実際統計的にも年間に五〇分の一の確率で発生する。建物Ｂは高台にあるので、その数値が二〇〇分の一と建物Ａに比べ四分の一の発生確率である。

しかし河川の氾濫によるリスクの大きさを、発生確率だけではなくリスクの強度、つまりリスクが建物に与える損害額の大きさ（それをここでは建物の価額で示している）をも考慮し、両者を掛け合わせることで求めると、図表１－５のように高台にある建物Ｂの方が大きいことになる（建物Ａの年間の最終的なリスクの大きさ＝四〇万円、建物Ｂのそれは五〇万円）。

以上の、リスクの大きさ＝リスクの発生頻度×リスクの強度という考え方を、さらに最終的に人や企業がどの程度の損失を被るかという視点から、本書でのメインテーマであるレジリエンス（復元力）要因を加味すれば公式１－３の考え方ができる。

最近出てきたこの考え方は、主に自然災害リスクを対象とした検討か

図表1－5　リスクの大きさの計算例

建物	場所	①損害発生の年間確率	②損害の強度	年間のリスクの大きさ（①×②）
A	河川沿いの低地	$\frac{1}{50}=0.02$	2,000万円	40万円
B	高台	$\frac{1}{200}=0.005$	1億円	50万円

（出典）日吉［2002］14頁。

公式1－3　最終損失の計算式

最終的損失＝リスク発生頻度×強度×脆弱性（あるいはこの反対概念であるレジリエンス（復元力）

らきているが、経営リスクを検討する場合も適応できる。

ＵＮＤＰ（国連開発計画）[4]や林敏彦[5]は、災害リスクによる損失の程度はハザードと脆弱性（復元力とは反対の概念）の二つの要因の積で決まるという。つまり、例えば以下の状況では災害がもたらす損失は異なる結果となる。

▼ハザードが高く、復元力が低い場合（言い換えれば脆弱な場合）⬇自然災害リスクによる損失は極めて高くなる。

▼ハザードが高く、復元力が高い場合（言い換えれば脆弱でない場合）⬇自然災害リスクによる損失はそれほど高くない。

ＵＮＤＰや林はハザードという言葉を使用しているが、企業のリスクマネジメントで使用さ

図表1−6　自然災害リスクによる損失、ハザードそして復元力の関係

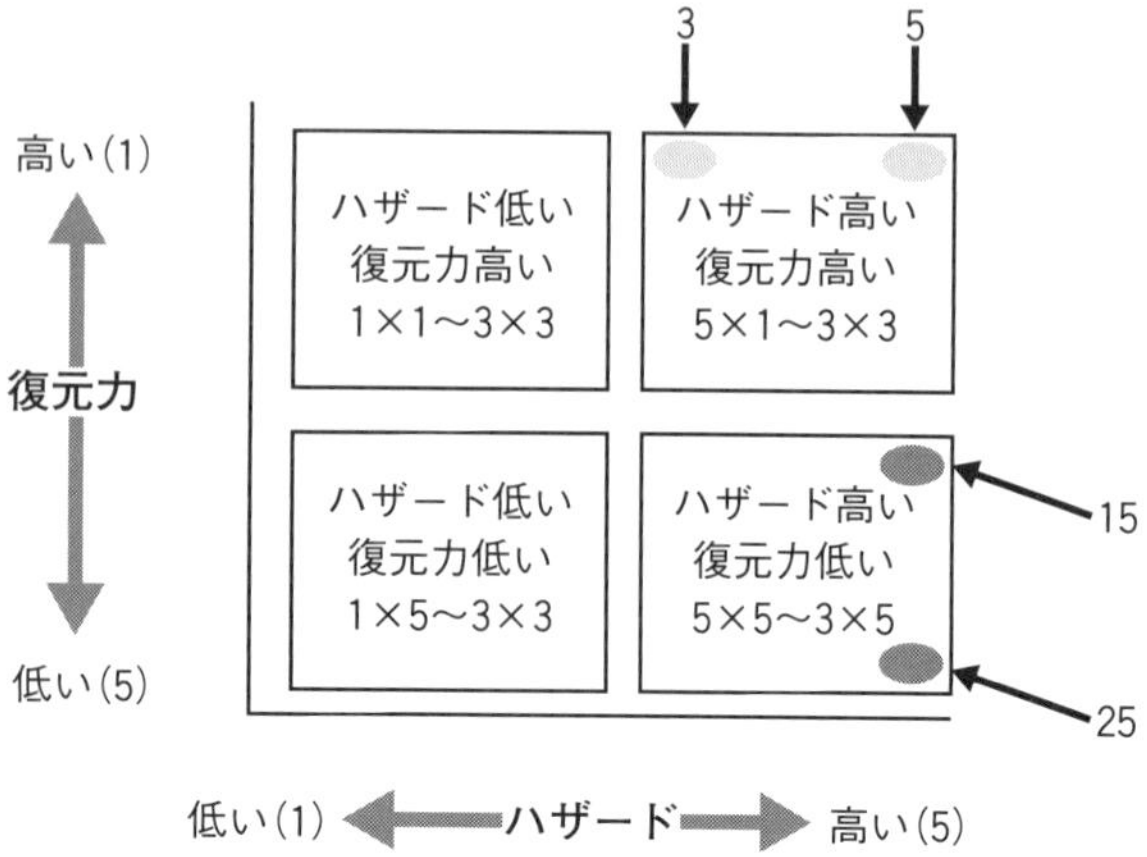

（注）数字は損失の程度を示す。例えばハザードが5と高くても、復元力が1と高い場合は最終的損失は5×1=5となり、他の状況に比べ低い損失となる。
（出典）上田［2012］92頁。

れる定義としては、「ハザードとは企業リスクの発生確率や損害の大きさに影響を与える外的、内的要因による損失の可能性」をいい、それには物理的、環境的、人的、組織的要因などが考えられる。例えば、地震や津波の大きさ、建物や人口の密集度、関係者の油断、ガバナンスやコンプライアンス意識の欠落、トップの能力、リーダーシップほかの各要因があげられる。

一方、企業の復元力とは、ここではリスク発生による損失に対し①経済的回復+②心理的回復+③将来の同種リスクへの対応ができ、個人的にも企業レベルでも持続的成長力を有し、幸せ感をもち得る能力と定義付けることができるが、ハザードと復元力に問題があり、その積が高いほど大きな損失となる。

図表1－6は、これらの関係をいくつかの状況に分けて示したものである。この図で最悪の箇所は、損失25を示す箇所である。ハザードも高く復元力が極めて弱い。損失5を示す箇所はハザードが最悪でも、高い復元力があるために全体的損失は5で済んでいる。つまり同じハザード環境下にあっても、企業損失を五分の一にすることが可能である。そのためには両要因について、ハザードを最小化し、復元力は強化する必要がある。[6]

(7) 変化し連鎖するリスク[7]

負のリスク、すなわち損失の可能性の段階では**リスクそのものは目に見えない**。例えば、企業の倫理リスク（ＶＷ社の違法なソフトによる排ガス規制逃れ、食品業界の偽装表示など）の発生原因には、コスト削減、業績悪化などによる競争上のプレッシャー、経営トップの倫理観、企業体質、ガバナンスの問題など多様なものがあり、これらが倫理リスクへと人や企業を追いやっていく。上記要因は目に見えないものであり、組織や企業にはこうした目に見えないリスクが潜んでいる。したがって、普段からのリスクマップなどによるリスクの見える化、社員間のリスク情報の共有が重要となる。

リスクには前述したように発生頻度と強さがあるが、これらが**時間そして時代とともに変**

化する。同じ大きさのリスクはあり得ない。リスクの大きさに関する人の感じ方は人により異なる点は次に検討するが、リスクそのものの大きさも常に変化している。明治期頃の火災の怖さは今の比ではない。賠償責任リスクの影響は、現代ではかっての賠償責任意識が希薄な時代より強くなっている。リスクを常に直視し、正しいリスク評価をしなければならない。

リスクは常に繰り返す。リスクは大きさや影響こそ異なるとはいえ、常に繰り返す。地震、洪水、火山の爆発などの自然災害リスクはもとより、企業不正も常に繰り返し発生している。過去の失敗に学ぶとともに、人のリスク想定力を向上させなければならない。

リスクは連鎖していく。例えば大地震が津波を生じさせ、多くの犠牲、損失を招く。東日本大震災は大地震、津波そして原子力事故さらには地域での農作物などへの風評リスクへと連鎖していった。リスク連鎖の企業の例として、主要な銀行の破綻が生じ、それが他の金融機関に連鎖するケースがある。政府による預金者保護策が不充分な状況下で、主要な銀行の破綻が生じた場合、多くの預金者がとる行動は、当該銀行の預金引出しおよび他の銀行も同様の状況が生じるのではないかという不安による銀行の預金引出しである。こうした一連の預金取り付け行動が雪だるま方式で行われると、他の銀行の連鎖倒産を招くことがある。

問屋の倒産による下請け企業の連鎖倒産も起こる。本書で検討する今治のタオル会社も問屋の倒産による余波で倒産し、その後、経営努力により復元しつつある。

ハインリッヒ（H. W. Heinrich）は、その著書『産業災害防止論』のなかで、労働災害の発生メカニズムを説明する理論としてドミノ理論を提唱している。彼は、事故は一つの原因が次の原因を呼び、それが連鎖反応的にあるいはドミノを倒すように進行した結果生ずるものとしている。(8)

図表1−7　ハインリッヒの法則

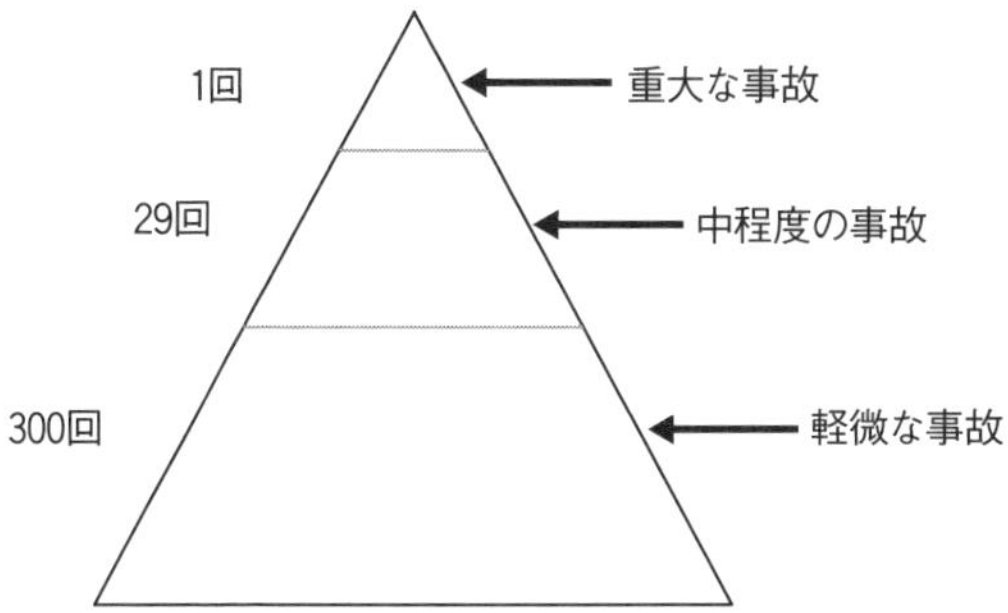

上記の図表1－7はハインリッヒの三角形と呼ばれているもので、一回の重大な事故の背景には二九回の中程度の事故があり、その背景には三〇〇回に及ぶ軽度の事故が発生しているというものである。この法則の教えるところは、一回の事故を根絶させるためには、三〇〇回の軽微な事故を防止しなければならないというものである。

リスクの連鎖を防ぐには、どこかで何らかの方法・思索でリスクを断つ必要がある。例えば復元力をつけるためには、「ネガティブ感情からの脱出、役に立たない思い込みを手なずける、自信を持つ（自己効力感、自己肯定感）、強みを生かす、サポーターをつくる、感謝のポジティブ感情を高める」などの思考・思索により、マイナスの感情を減らし、過去の痛い経験から学ぶとともに、新たな心理と思考で進み続けていく力が必要となる。こうした点については本書の終章を中心に検討する。

(8) 制御可能で、第三者に転嫁できるリスク

リスクの発生確率やそれによる影響度を下げるための諸活動（予防・軽減活動）を、リスク・コントロールまたはロス・コントロールという。コスト負担によりリスクの影響を軽くすることはできるが、一〇〇％コントロールすることは無理である。つまり技術的限界と経済的限界がある。技術的限界とは、現在の人類が持っている知識や経験およびそこから得られる学問や技術力では克服できない限界点である。経済的限界とは、コントロールすることが経済的に引き合わず、リスクを受容するか第三者に移転する方が適切である場合である。

ここでは前者のリスク・コントロールを、さらに①ハード・コントロール（建物の立地や人の居住地、地震多発地域での密集度、建物の耐震性や高さ、防波堤や防潮堤の存在、防災マニュアル、避難経路、各種防災対応策などの物理的、環境的そして目に見える防災対策などを含む）と、②ソフト・コントロール（防災教育の程度、避難訓練、企業トップの危機に対する姿勢やリーダーシップ、社員の協力関係、リスク情報の共有度合、ネットワーク力、過去の経験による学習力、危機発生時の柔軟な対応力など）に分類する（図表1－8参照）。

図表1−8　地震リスクの効果的管理のアプローチ

- 地震リスク
  - (2) リスク・ファイナンス
    - ①私的ファイナンス
      （契約による営利的な制度）
      火災保険、地震保険、共済他
    - ②ソーシャル・ファイナンス
      非営利的な経済的支援
  - (1) リスク・コントロール
    - ①ハード・コントロール
      - ▶多様な防災・減災対策
      - ▶マニュアル
      - ▶規制
    - ②ソフト・コントロール
      - ▶信頼・絆・ネットワークの醸成による災害リスクへのRM力の向上
      - ▶リスク情報の共有（防災、安全教育）

リスクをハードな手段とソフトな手段とにより、バランスよく効果を検討しながら組み合わせていくことが重要となる。

リスクは、また、何らかの方法で第三者にコストを払い移転する方法があり、これをリスク・ファイナンスという（保険制度、デリバティブの活用など）。また第三者に移転しないで、例えば企業が企業内部で処理する方法もある。

リスクマネジメントでは、損失を最小化するためにどういうリスクマネジメント手段を効果的に組み合わせるかの意思決定が重要となる。

図表1－8ではそれらのうち、地震リスクに対するハード・コントロールと私的・営利的リスク・ファイナンスおよびソフト・コントロールとソーシャル・ファイナンスの各手段が示されている。

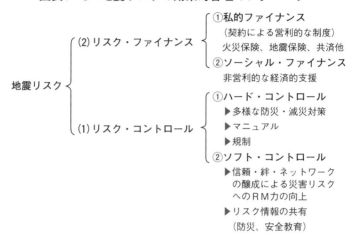

（9）リスクへの人々の反応（確率や強さの予測、怖さ、負担意欲ほか）[9]

リスクには、発生頻度と強度という点で客観的要素の部分があるという点は既に指摘したが、そのリスクに直面する人間の反応は、人により（経済力、知識、経験、価値観など）違いがあるという主観的側面もある。このリスクに対する人々の反応の違いという主観的側面に関して、スロビック（P. Slovic）らによる興味深い研究がある。こうしたリスク心理の側面が、避難行動や経営行動にバイアスを生じさせて誤った行動が生じることがあり、その分だけ復元が遅れる、あるいは復元不能になる場合がある。リスクマネジメントおよび復元力の視点では、リスクを直視し、冷静に評価する必要があるが、この点に関しては第三章で事例とともに検討する。

注

（1）Brooks［2004］p.18.
（2）日吉［二〇〇二］七頁。
（3）ハザードとは、リスクの発生確率や損害の大きさに影響を与える諸条件をいい、ペリルは事故そのものをいう。
（4）Reducing disaster risk, UNDP, 2004, p.100.
（5）林［二〇一一］三一頁。

（6）上田［二〇一四］終章参照。
（7）亀井［二〇〇二］二八頁参照。
（8）Heinrich, et. al［1980］（訳書）主に第2章参照。
（9）日吉［二〇〇二］一四－一五頁参照。

第2章　レジリエンスとは何か

1　その意味とコンセプト

レジリエンス（Resilience）とは何かについて、まず辞書の定義、語源そして各研究者他の定義を見てみよう。

レジリエンスという語の初出はイギリスのようで、『オックスフォード英語辞典』にあたると、一六〇〇年代から「跳ね返る、跳ね返す」という意味で使用され、一八〇〇年代になると「圧縮された後、元の形、場所に戻る力、柔軟性」の意味で使用さるようになった[1]。後に検討されるレジリエンス思考に必要な要因の一つが「柔軟思考」であるが、当時の辞典に既にこの意味が示されていることは驚きである。最近のリーダース英和辞典では、「回復力、立ち直る力、跳ね返り、弾力」という意味があり、オックスフォード新英和辞典では、人あるいは動物に関して「able to withstand or recover quickly from difficult conditions」つまり、「困難な状況に耐えうるあるいは早期に回復する能力」という意味が示されている。

図表2－1　逆境グラフ

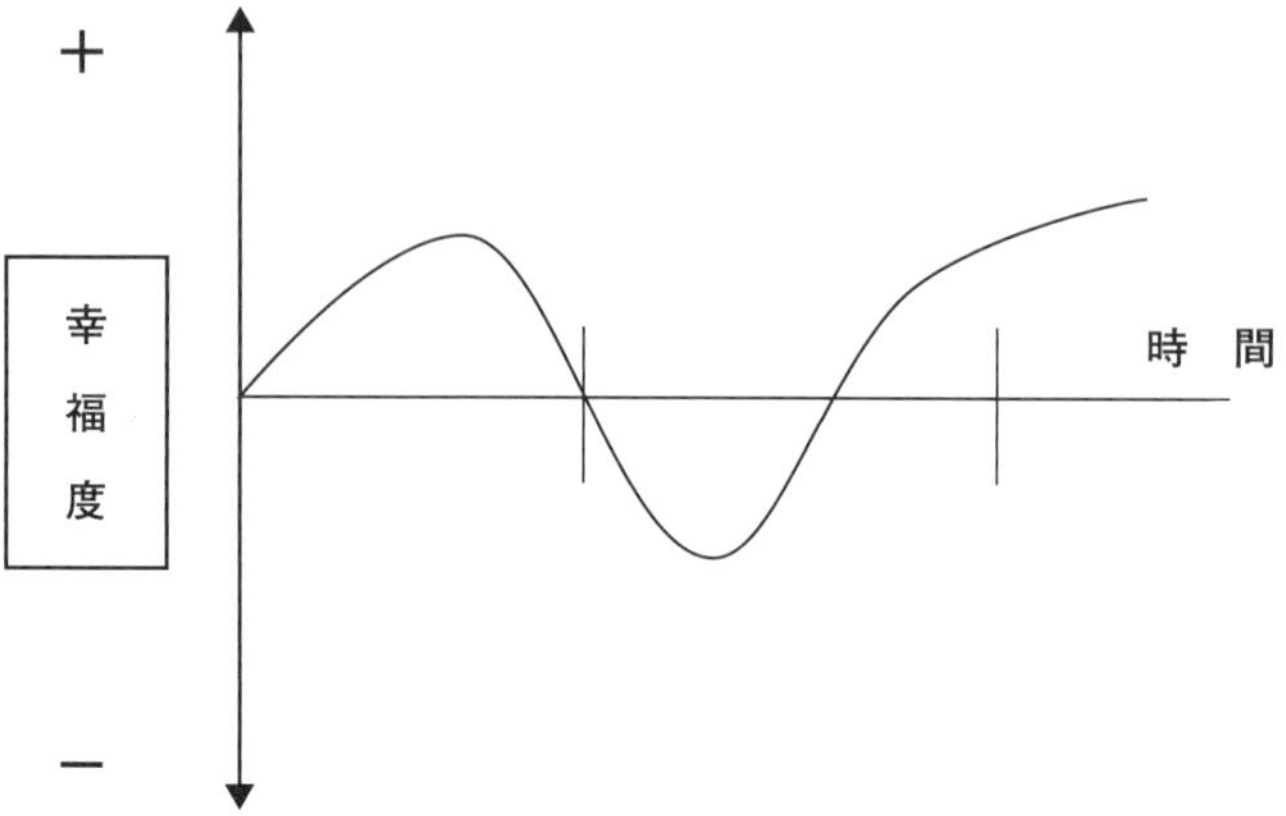

（出典）足立ほか［2014］91頁。

また、語源的には、中世にさかのぼり、ラテン語resilireに由来し、この語はre＋salire（跳ねる）の合成語であることから、語源的には「再び跳ねる」を意味した(2)。

レジリエンスの語源が「再び跳ね返る」というのは、人や企業がノーマルな状態から、何らかの危機に直面し、その結果、経済的、心理的、肉体的な面で逆境に陥り、その状況から、ボールがはね返るように回復する状況を表している。

人も企業も、すでに述べたように常に順調ということはありえない。必ず様々なリスクやクライシスに直面する。だからこそ、早く普通の状態に戻れる思考と術を身に付けなければならない。レジリエンス関連の著作をいくつか上梓した久世浩司は、その様子を「逆境グラフ」と表現し、図表2－1のように示している。

図表2−2　ストレスとショックが発展過程とレジリエンスに与える影響

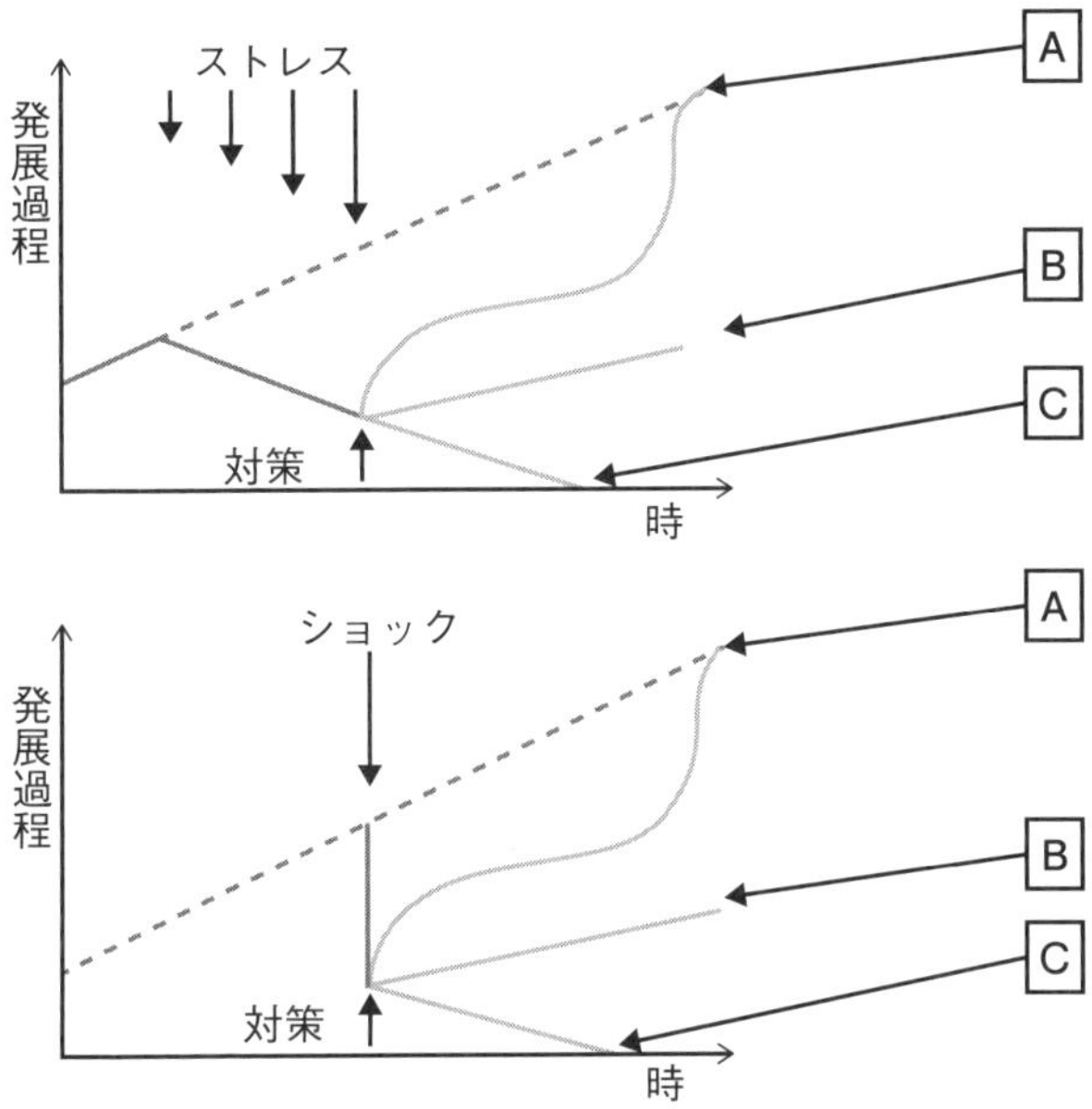

（注）Aは復元力があり、Bは復元力不足、Cは復元力がない状態。
一部、筆者修正。
（出典）Mithell and Harris［2012］Background Note, p.1.

　横軸は時間軸であり、縦軸には幸福度を設定している（久世は幸福度の概念については明示していない）。久世のレジリエンスの定義は、「失敗を成長の糧にして成功へと導く力、失敗することへの恐怖心や苦手意識を消し、一歩前に踏み出す力のこと[3]」としている。

　またミッチェル（T. Mitchell）とハリス（K. Harris）は、長期にわたり人に与えられたストレスや（図表2－2の上）、短期的に人が大きなショックを受けた場合（図表２‐２の下）、何らかの対応により元のノーマルな状態に復元し、かつ元の成長路線に復帰する（跳ね返る）状況（図表２‐２のＡ）、徐々に回復してくる状況（Ｂ）、回復はしないで下降線をたどる状況（Ｃ）を示している。Ａは復元力がある状況を示し、Ｂは復元力が足りず、元の状況に戻れない状況を、そしてＣは復元力がなく、ストレスやショックにダメージを受け、個人や組織が初期の目標を達成できない状況を示している。

アメリカ心理学会の定義では、レジリエンスを「逆境やトラブル、強いストレスに直面したときに、適応する精神力と心理的プロセス」と説明している[4]。

以上の説明からわかるように、レジリエンスとは一般に、捉え方、方策、スキルなどで「逆境」を乗り越え、持続的に成長していく力といえる。ここで誤解を避けるために言及すれば、筆者はレジリエンスを単に逆境に耐えうる精神的強さのみを強調するものではなく、逆境に陥っても、ビジョンを持ち続け、世のため、人のため貢献しつつ、経済的・心理的に回復し、持続的成長力に結び付ける力と捉えている。

２　なぜ、今、レジリエンス思考が必要か

（１）　経営リスクの視点①：経営破綻リスク

レジリエンス思考が求められている理由は、次のいくつかの状況・背景からいえる。

第一は、経営の破綻リスクの多さに由来する。我が国において、いかに企業倒産と破綻が多いかはすでに述べた。二〇一五年の倒産企業と廃業企業の数は合わせて三五、五一一社であり、一日当たり約九七社の倒産・廃業になる。一時間あたり四社の倒産・廃業である。

こうした数字は企業経営がより一層不確実、不安定になってきていることを示すとともに、企業経営者の経営リスクマネジメント力が重要になっていることを示しているが、こうした現実を前にして、その度に挫折していたのでは企業目標は勿論、社員個人としての目的も達成できず、成長もできない。

こうした不安定な状況下でも目標がぶれず、柔軟な思考で、現実的な対応をしていく力が求められる。レジリエンスはそのための思考を育んでくれる概念であり、それをもとに幸福への道に進むための方策でもある。本書で検討するビジネス・レジリエンスの思考が、より多くの人と共有され、普段から企業内に組み込まれてていくことが筆者の願いである。

図表2－3　精神障害による労災請求件数

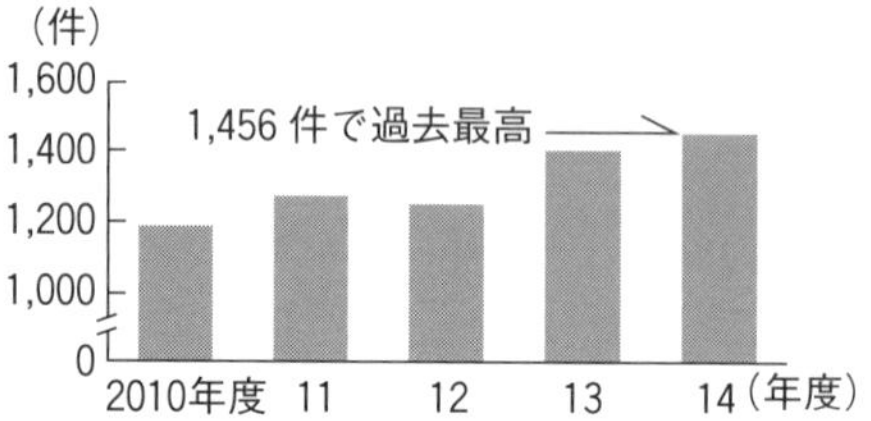

（出典）厚生労働省調査。

（2）経営リスクの視点②：社員のストレス・マネジメント

レジリエンス思考が求められている第二の背景は、現代人を取り巻くビジネス環境が、かってのものと異なってきており、そのことにより現代のビジネス・パーソンの精神的疲労が増大していることに関わる。

パソコンに向かってのデスクワーク時間の増大、会社との携帯、ネットなどによる直接的情報共有時間の増大（このことは社員にとっては、一種の拘束感の増大につながる）と企業を取り巻く様々な法規制の変化、同業他社との競争の激化、グローバル化の進展などの諸要因が相まって、現代人のストレスは確実に増大している。企業を取り巻く内外の環境変化が、そこで働く人々に柔軟な対応の必要性を求めているが、これらのことが往々にして人に過度のストレスを与えることになる。

過度のストレスは、人に健康上の問題と同時に、ビジネス面でも様々な影響を与える。過度のストレスが人に与える精神衛生的問題に関しては、ストレスが過度になると精神疾患を患い、うつ病、不安障害などの病気を起こさせ、業務がその原因となれば労働災害として認

図表2－4　1996年以降の精神疾患の増加状況

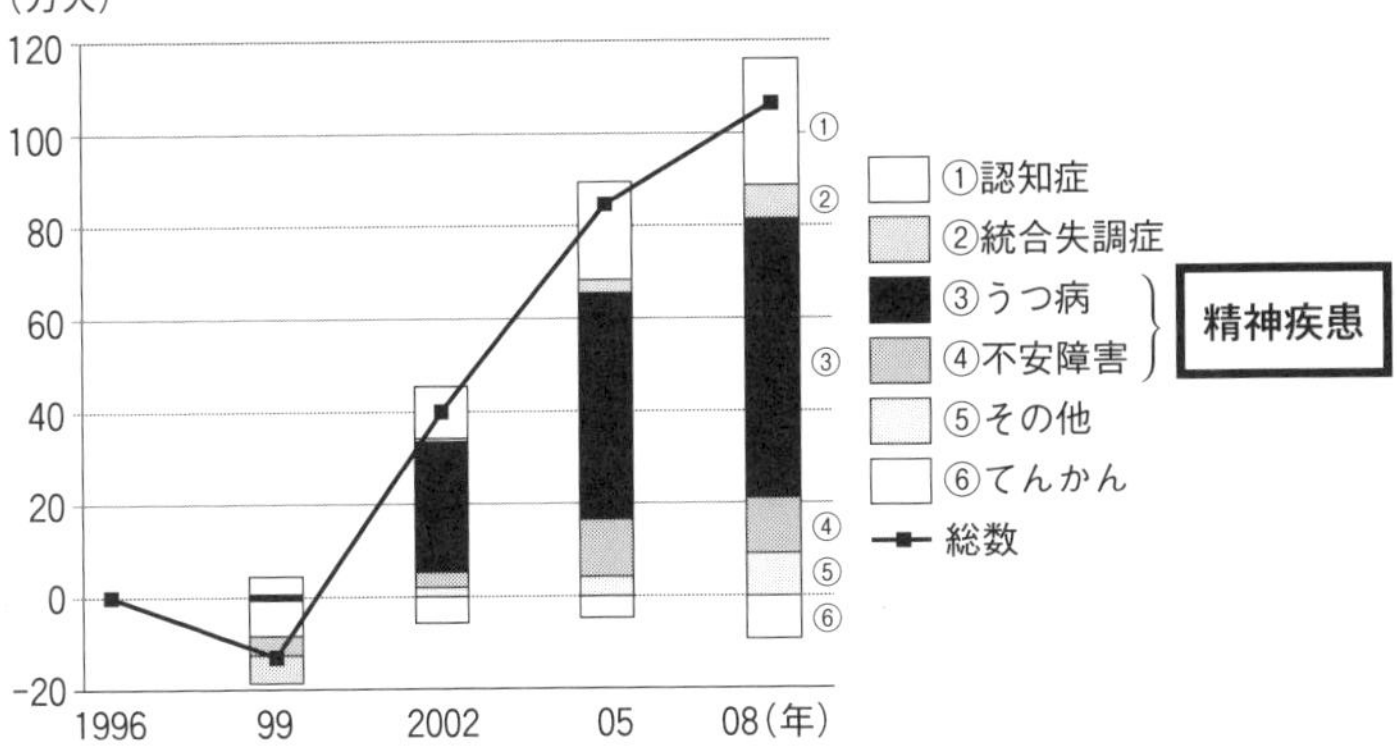

（出典）厚生労働省調査、筆者一部修正。

定される状況をつくる。図表2－3では、心の病で労災請求をした人の数が年間一、四五六件で、これまでで最高の数字であることを示している（毎月平均一二一件、一日あたり約四件の請求を意味する）。この数字は表に出てきた数字であるが、潜在的には極めて多くの人がこの種の病に侵されている。

日本ではこれまでの「四大疾病」である、「がん、脳卒中、心臓病、糖尿病」に加え、精神疾患が加わり「五大疾病」となり、その精神疾患とは老齢者以外ではうつ病と不安障害のことである。

こうした精神障害のデータは入手できるものが少ないが、図表2－4は厚生労働省の調査で、各精神疾患の増減状況が公表されたものである。一九九六年を基準年とした精神疾患別の増加数が示されており、うつ病と不安障害は九〇年代終盤から急増していることがわかる。

こうした精神障害が企業に与える影響は大きい。内閣府は年収六〇〇万円の社員が六カ月休職すると約四二〇万円のコストがかかると試算し、厚生労働省によると自殺やうつ病による経済的損失は年間、約二兆七千億円に上るとしている。

こうした状況を受けて、国も二〇一五年一二月一日施行の改正労働安全衛生法で、従業員五〇人以上の事業所を対象とし、医師などによるチェックを企業に義務化し、二〇一六年一一月末までに最低一回実施する必要があることを決めた。

企業側も、社員の心の健康状態を年に一度調べる「ストレス・チェック」が一二月から義務付けられるのを受けて、すでに対策に乗り出している。

大和証券グループ本社は心の健康管理に取り組む社員にポイントを付与し、給与に反映させる。同グループは二〇一五年一〇月、心身の健康管理を担当するCHO（チーフ・ヘルス・オフィサー、最高健康責任者）を設置した。さらに四五歳以上の社員がeラーニングなどで心の健康管理に取り組むとポイントを付与することを決めた。これまでも資格取得や生活習慣病対策に応じてポイントを与えてきたが、これにメンタルヘルスも加える。ポイントが一定以上になれば五五歳以上で年収が一〜三割上がる。

大京はストレス・チェックの義務化に先がけて八〜九月、ストレス・チェックを実施した。一〇月下旬の経営会議で、年齢や役職ごとのストレス傾向を共有し、担当部署で対応策を検討中といわれている。[5]

競争激化、グローバル化による環境変化の速さなどによる過度のストレスは、またビジネスの意思決定分野においても、好ましくない影響を与える。それに関する研究成果の一つは「過度のストレスがビジネスの生産性を落とす」という伝統的なものである。

図表2－5　ストレスと生産性

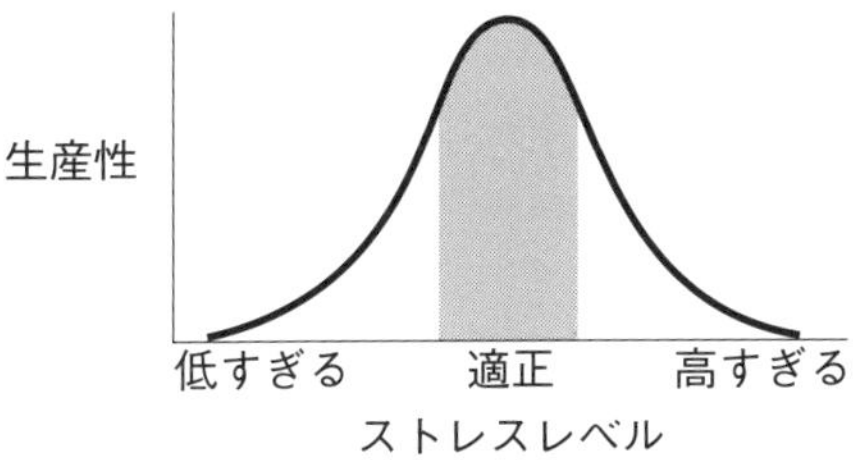

ストレスの量と生産性の関係をみると、ヤーキズ・ドッドソンの法則では、図表2－5のようにストレス・レベルが高すぎても、低すぎても生産性は落ちるということがわかっている。過度のプレッシャーが悪いストレス（Distress）になり、それは人の心、体、頭によくない影響を与え、意欲の低下、欠勤、コミュニケーション能力の低下、不適切な行動、注意力や判断力の低下、事故を誘発する行動などが出るといわれている。[6]

一方、良いストレス（Eustress）とは、例えば、目標、夢、スポーツ、良い人間関係など、自分を奮い立たせてくれたり、勇気づけてくれたり、元気にしてくれたりする刺激とその状態である。[7]

この法則からいえることは、企業は社員との関係において、いかにしてよいストレスをできるだけ築くかということを考えることが、社員の生産性向上に役立つという点である。

さらに過度のストレスは生産性低下どころか、企業内の不正発生原因の一つになりかねないという「不正のトライアングル」理論が実証結果とともに示されている。ドナルド・R・クレッシー（Donald Ray Cressey）は、横領の発生要因は脆弱な内部統制や不十分な監視システムが根本的な原因ではなく、当事者が雇用主の信頼に意図的に背くことにより不正行為が発生すると分析している。具体的には、次の三つの要因が全てそろうと不正を発生させる要因になるというものである。

クレッシーは、不正は、①動機・プレッシャー（不正を行う心理的なきっかけで、他人に打ち明けられない問題）を抱え、②機会（この問題が自分の経済的に信頼されている立場を利用すれば、秘密裏に解決できること）を意識し、③正当化（その解決策を実行しても、信頼された人物としての自分のイメージを損なわないですむような理由付け）を考えつく時に発生すると考え、この「動

図表2−6　クレッシーのトライアングル理論

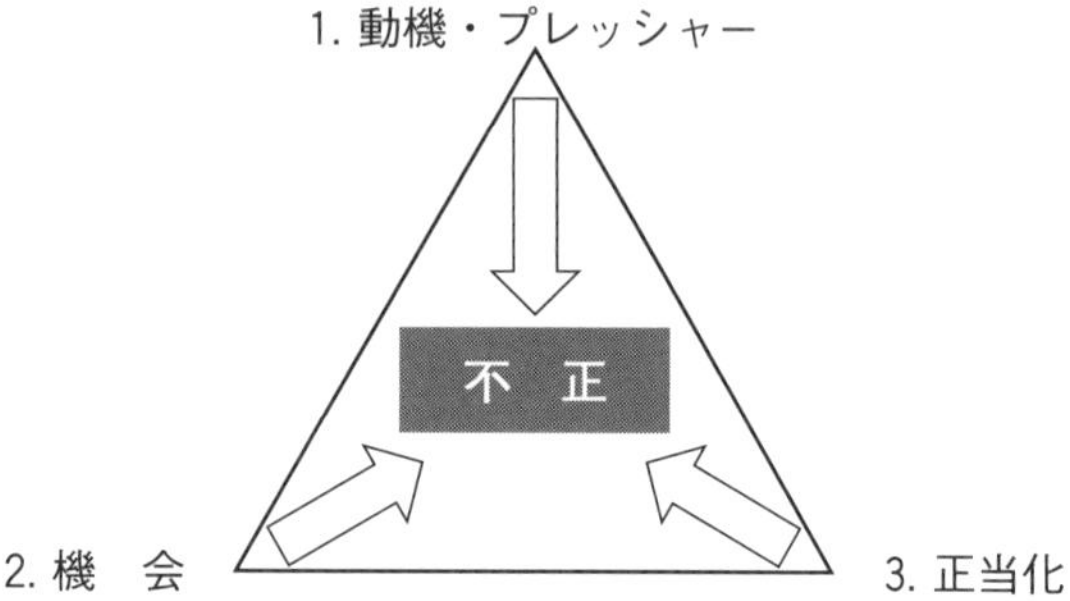

機・プレッシャー」、「機会」、「正当化」を不正のトライアングルと定義している[8]（図表2-6を参照）。

クレッシーは過度のプレッシャーが人にストレスを生じさせ、一人で解決できないために、例えば会社の資金に手をつけるという展開で企業不正の説明をしているが、ここで重要なのは過度のプレッシャーという点である。

このように現代企業を取り巻くいくつかの要因が、社員や経営者に過度のストレスを与える可能性を高めている。こうしたビジネス環境が、会社の理念や使命、存在意義、社員のモチベーション、仕事の意義などを不明瞭に、また不安定なものにさせ、結果として社員の心も脆弱なものにさせているといえる。

ビジネス環境の変化は人にストレスと同時にチャンスを与えるけれども、人により環境変化への適応の仕方や捉え方は異なり、うまく柔軟に適応できる人と、それができない人、言い換えれば脆弱な人とに分かれていくことになる。本書は脆弱性（Vulnerability）とは反対の概念である復元力（Resilience）、つまり逆境を乗り越えていくための力をつけるために、ストレス・マネジメントを経営リスクマネジメントの視点から捉え、普段から人や企業が何を考え、どうすればいいのかについても特に第5章で検討している。

（3） 自然災害リスクの視点：個人、地域、企業、国にとってのレジリエンス

レジリエンス思考とレジリエンス力が求められている第三の理由は、わが国が世界一の自然災害リスク指数第一位の国ゆえに、自然災害リスクへの対応が単にハードな面でのリスク対応のみならず、下記に示すソフト及びレジリエンス視点から重要だからである。

日本は地震を含め、その他様々な自然災害によるリスク指数が世界的にも極めて高い。自然災害リスク指数を求める考え方として、ここでは二つ検討しておく。

一つはミュンヘン再保険会社が下記の三つの指標から世界主要都市の自然災害リスク指数を算出し、二〇〇二年に公表しているものである[9]。

① 災害危険度（Hazard）＝地震、台風、水害、火山災害、山林火災その他の発生危険性

② リスクへの脆弱性（Vulnerability）＝住宅の構造特性、住宅密度、都市の安全対策水準の三指標から構成し測定

③ リスクにさらされる経済的価値（Exposed Values）＝経済上の影響規模に関連する指数。各都市の家計、経済水準等に基づく

もう一つのリスク指標算出の考え方は、国連大学による*World Risk Report*で示されているものであり、発生確率と脆弱性の積から損失を求めるものである。この指標に基づき世界各国の自然災害リスク指数を算出したものが図表2－7である。

図表2−7　主要国の自然災害指標

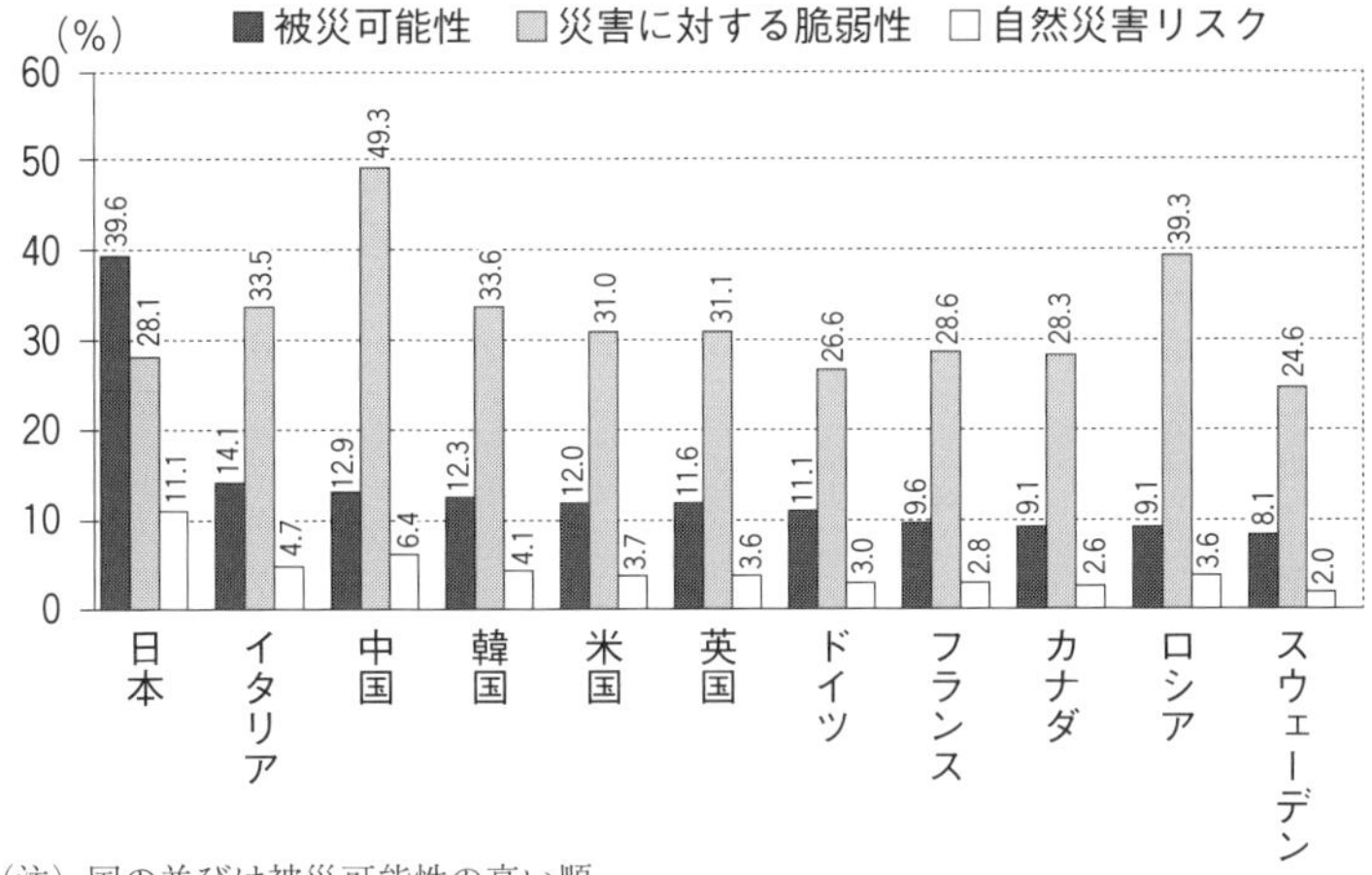

（注）国の並びは被災可能性の高い順。
（出典）*World Risk Report*. United Nations University, 2011.

図表２－７の自然災害リスク指数の国際比較から、日本が世界一自然災害リスク度の高い危険な国であることがわかる。日本は地震リスクを含めた自然災害リスク最大の国であるという大前提のもとに、地震および津波などに対する国、地域、企業のリスクマネジメント活動が検討される必要がある。

自然災害リスクは天災であるとともに、人災の面もある。自然災害リスクはその頻度と大きさの面で、我々個人や地域、企業そして国家に甚大な影響を与える。影響や大きさを制御し、できるだけ我々が被る損失を小さくする活動がリスク制御である。しかし、ここでももう一つの概念、つまり脆弱性を少なくする概念としての復元力の視点がある。

林敏彦が災害リスクによる損失の程度を、ハザードと脆弱性との積で示している点については、既に第一章で一部説明した。林はハザードを「これまで外力とか外因とか呼んできた事象で、潜在的に災害をもたらす可能性のある力のこと」といい、また脆弱性とは「耐性のなさ」つまり復元力のなさをいうとして、左記の模式を示している[10]。

災害リスク＝ハザード×脆弱性

この式に筆者は次に示すような幾つかの補足を加え、企業のリスクマネジメント視点から自然災害リスクにより、損失の程度に影響を与える要因として検討する。

筆者の言うハザードとは、企業を取り巻く外的および内的要因により、損失に影響を与える要因をいい、次の諸要因がある。（1）地震や津波の大きさ、建物の立地や人の居住地、地震多発地域での密集度、建物の耐震性や高さ、防波堤や防潮堤の存在、防災マニュアル、避難経路、各種防災対応策などの物理的、環境的そして目に見える防災対策などを含むハードな要因、（2）防災教育の程度、避難訓練、トップの危機に対する姿勢やリーダーシップ、社員の協力関係、リスク情報の共有、ネットワーク力、過去の経験による学習力、危機発生時の柔軟な対応力などのソフトな要因、そして（3）災害による損失を転嫁あるいは負担する経済的資金計画の対応状況、つまりリスク・ファイナンスの要因である。

以上の三要因は公的な行政面からの協力、業界・会社間の協力、地域の人々との協力があることにより、そのリスクマネジメント効果は高まる。

自然災害リスクによる損失の程度を決めるもう一つの要因である脆弱性を、ここでは、その反対概念としてのレジリエンスすなわち復元力として捉え直す。つまりリスクに対し脆弱な個人、地域、組織、企業、行政は復元力の弱い主体であり、その結果、自然災害リスクの影響を非常に強く受け、災害からの復興は非常に遅れ、企業損失、社会的損失が大になることを意味する。この場合、復興とは災害リスクが与えた損失からの経済的回復および人の心理的回復そして将来の同種リスクへの対応力が準備された状態をいう。つまり理想的には組織や企業の復元力とは経済的、心理的にも回復が見られるとともに、繰り返し生じるリスクへの対応がなされており、持続的成長の可能性を有している状態と捉えている。この復元力がどういう要因でできているのか。復元力をつけるにはどうすればいいのかについて検討するのが本書の主な目的である。

自然災害がもたらす損失の程度は、これら三つのサブ要素（ハード面、ソフト面、ファイナンス面）により変化するハザードと組織や企業、地域の復元力の積で決まる。この点を簡単に付言すれば、自然災害リスクが大きく、上で見たハード面での対応およびソフト面、そしてファイナンス面での対応が不十分で効果的でなく、さらにリスクに直面する主体（個人、地域、組織、企業、行政など）に復元力がなければ、損失は甚大となり悲惨な状況が続くことになる。また自然災害リスクの物理的大きさが小さくても、ハード面での対応およびソフト面、そしてファイナンス面での対応が不十分で効果的でなく、さらに人や組織、行政に復元力がなければ、損失は拡大し悲惨な状況が続くことになる。

注

（1）加藤・八木［二〇〇九］九頁。
（2）加藤・八木［二〇〇九］九頁。
（3）久世［二〇一四］表紙より。
（4）久世［二〇一四］一六頁。
（5）『日本経済新聞』二〇一五年一一月二二日。
（6）Yerkes and Dodson［1908］.
（7）Yahoo! JAPAN《note.chiebukuro.yahoo.co.jp/detail/n57098》.
（8）独立行政法人情報処理推進機構［二〇一二］一〇頁。Cressey［1971］p.30.
（9）ミュンヘン再保険ホームページ《www5.cao.go.JP/keizai-shimon/special/vision/life/04/item3_2》（2016.5.29）の*topics*, 2002, p.35参照。
（10）林［二〇一一］三〇-三一頁。

第3章　レジリエンス研究の発展と多様なレベルでのレジリエンス

1　レジリエンス研究の展開[1]

(1) 心理学からのアプローチ

逆境からの回復力ともいえるレジリエンスの学問的研究は心理学から始まり、生態学、地域研究（特に地域の復興に関する研究）、そして最近ではビジネスの分野でもいわれ始めており、多様な視点からの研究が行われてきた。

心理学、精神医学の分野においては、レジリエンスは「精神的回復力」「抵抗力」「復元力」「耐久力」などと訳され、「脆弱性（Vulnerability）」の反対の概念であり、自発的治癒力の意味として捉えられている。どういうリスクが研究の対象となったかをみると主に、母親との死別、両親の離婚、貧困、虐待などであり、こうした経験をした特に子供のトラウマ体験やストレス状況の中にいる子供たちの心の病に関する研究が、その対象であった。

心理学分野で初めてレジリエンスという言葉を使用したのは、一九八五年のラター（M.

Rutter）の論文だといわれている。[2] ラターは「前述したようなリスクに直面し、逆境に陥ったにもかかわらず、問題を起こさない人や、逆境をばねにしてさらに成長している人もいるが、それは何があるからなのか」という視点、言い換えれば人の健康な心に関するプラスの側面に焦点をあてたアプローチであった。

しかし、それまでは一八八六年のフロイトの精神分析がそうであったように、精神疾患の原因を解明するアプローチ、言い換えれば、人は逆境下でどのような不適応な反応を引き起こすのかという人の病的側面、いわばマイナス面の研究が中心であった。

そうした時代から八〇数年の時を経て、一九六七年以降のマズローの人間の健康な心に関する心理学の提唱がなされ、逆境の中でも成長する人の分析へと、プラスの面にも視点が拡張されたのである。その延長線上に既述のラターによるレジリエンス概念が一九八五年に出てきたといえる。

しかし、二〇世紀終わり頃になると（一九九八年）、リスクによるショックから立ち直るには、それを直すための研究よりも（例えば、リスクによる心理的損失を和らげることのみに傾注するよりも）、「どうすれば幸福になれるのか」「どうすれば個人の強みを発揮して、充実した生活ができるのか」というポジティブ心理学の重要性をセリグマン（M. Seligman）が提唱するに至る。

本書でいうレジリエンスとは、すでに述べたように、「リスクやクライシスからの回復と成長および幸福感の醸成」をいうが、ポジティブ心理学が提唱される少し前、この定義の後半部分の「成長および幸福感の醸成」にかかわる理論が生まれる。それが本書でも検討されるチクセントミハイの「フロー（Flow）理論」である（一九九〇年）。「フロー理論」の詳細は後述するが、「フロー」とは「人間にとって最も生産性の高い幸福感に満ちた精神状態[3]」のことをいう。ビジネスとの関係でいうと、「フロー」が生まれるための環境・条件を作ることにより、社員には仕事への集中と没頭、能力の最大発揮、充実感と会社への貢献状況の把握他の「フロー」状態が生まれ、これが組織や企業に定着、システム化されると、たとえ企業がリスクやクライシスによる逆境に陥っても、早期に復元し企業のその後の成長と同時に社員の幸福感につながることになる。こうした点の詳細は、第五章で検討している。

このように、これまでの心理学でいわれているリスク下での人間の反応に関する分析とレジリエンスの関係を簡潔にレビューすると、一九世紀末のフロイトの病的側面の研究から、二〇世紀中葉のマズローの健康な人の心理学へと発展し、二〇世紀後半のラターによるレジリエンス概念の提唱、そして二〇世紀後半以降のチクセントミハイやセリグマンによる、失意のどん底からさらに一歩進むための幸福感の研究へと展開し、今日に至っているといえる。

(2) 生態学、地域レベルからのアプローチ

企業の利害関係者に様々な幸福感を醸成するためには(例えば、顧客には商品の使用を通じて満足感を提供するなど)、企業には様々なリスクに対応し、経営の安定性と持続可能性の向上が求められる。それと同様に、我々が存在しているこの地球環境も、例えば地震、干ばつ、大雨、洪水、異常高温や低温、病虫害、人間による伐採、汚染他の様々なリスクにさらされている。

しかし生態系には、そうしたリスクが自然界に与えるマイナスの影響がある程度のレベル(閾値)までは耐え、機能特性を失わずに回復する能力があり、これがレジリエンスであるといわれている。こうした視点からのアプローチが生態学からのアプローチであり、特に環境リスク、自然災害リスクを対象とした研究が二〇世紀後半以降、盛んに指摘されている。

二酸化炭素などの温室効果ガスの排出が地球温暖化に拍車をかけ、異常気象の多発化そして高温化、多雨と干ばつ、台風やハリケーンの巨大化などを招き、日本や世界各地で自然災害リスクを顕在化させているのも事実である。二酸化炭素などによる環境負荷を下げる施策とともに、温暖化の影響に対する脆弱性を低減し、レジリエンスを向上させる取組みが国や地域レベルでいわれている。国と地域におけるレジリエンス問題の事例については、本章の次節においてより詳細に検討されている。

図表3－1　レジリエンス研究の展開

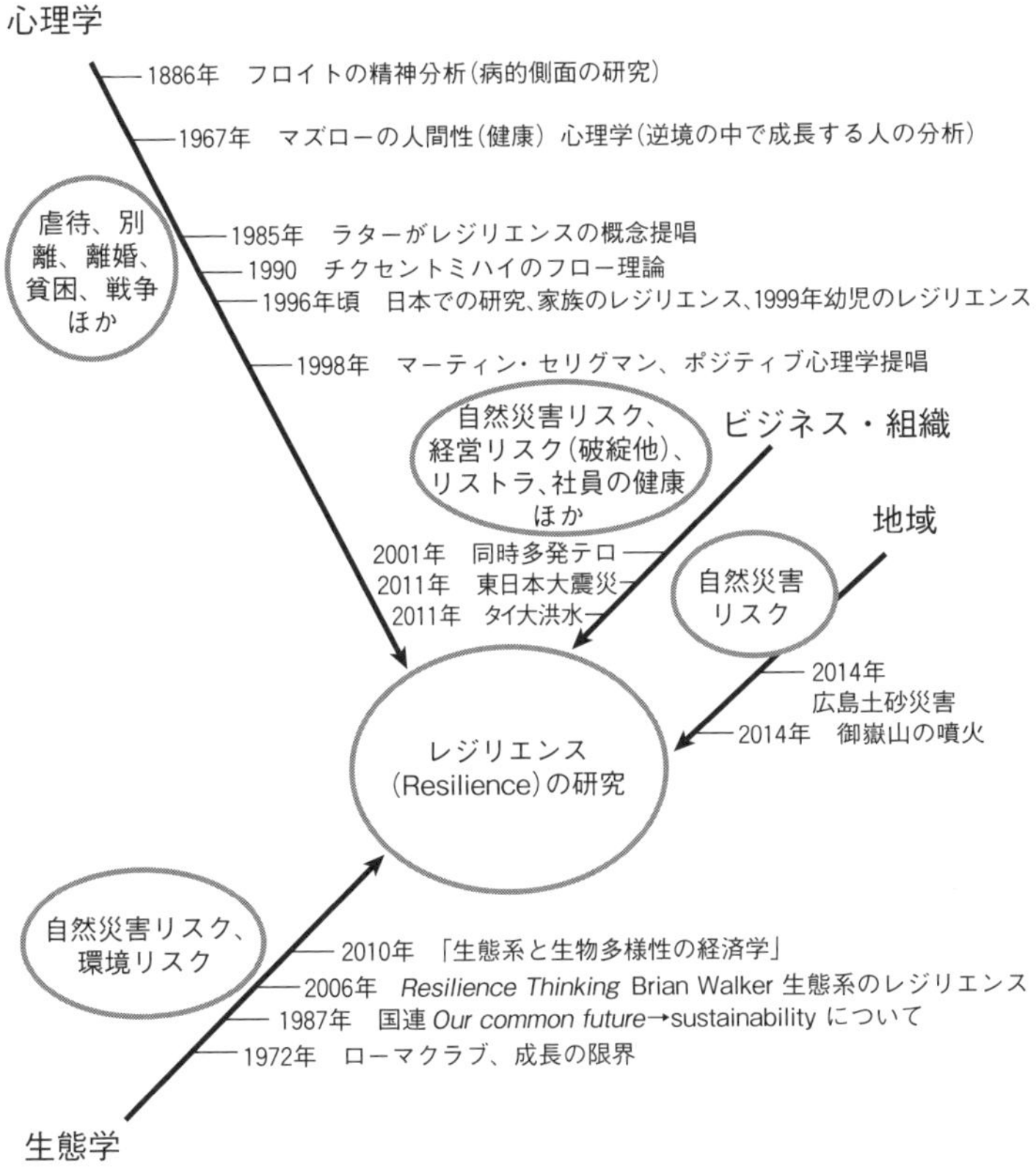

(注) 筆者が、関連する文献などを参考に作成したものであり、必ずしもレジリエンス研究のすべてを網羅したものではない。

ビジネス・レベルでのレジリエンスでは、現在、例えば自然災害リスク、大火災、テロなどのクライシスが企業に発生した時の事業の継続性をいかに保つかという視点からの実務的展開が中心である。事業の継続性のマネジメント（ＢＣＭ）がそれである。しかし、ＢＣＭではリスクやクライシス発生後の経営の継続性に焦点が置かれ、企業の復元力の源泉や企業成長、社員の精神的成長過程への展開の視点が極めて不十分である。

図表３－１は心理学、生態学、地域、ビジネスの各研究分野におけるレジリエンス研究の発展過程の概略をまとめたものである。

２　多様なレベルでのレジリエンス

危機や逆境からの回復の問題は、学問的展開以外でも個人、地域、企業そして国の各レベルからアプローチすることができる。本書は企業レベルでのレジリエンスの問題を主な目的としているが、それは第四章以下において詳述することにして、本章では個人、地域そして国レベルのレジリエンス問題について検討し、それらの検討から得られるレジリエンスを構成する基本要因を見つけることにする。

（1）個人レベルでのレジリエンス

人はこの世に生を受けて以降、自分の思うようにならないこと、あるいは何らかの逆境に見舞われることが常である。ここでは二人の人物とその著書を検討し、彼らにみるレジリエンス関連要因を探ってみたい。

① 洪自誠と『菜根譚』

今から四〇〇年以上前、中国の一六世紀から一七世紀の明時代に書かれた処世訓『菜根《さいこん》譚《たん》』（洪自誠《こうじせい》）では、逆境を乗り切る知恵が紹介されている。そのポイントを示す前に、『菜根譚』とその著者である洪自誠について簡単に説明をしておこう。

・菜根譚

この書物はもともと一五九一年、中国の明の時代に付録として出版された。それが約二〇〇年経ってから再発見され、以後、ロングセラーとなる。一八二二年、日本でも紹介され、和刻本『菜根譚』として広く世に出ることになる。[4] 書名にある菜根は固い野菜の根を意味し、固く噛みにくい根菜でも、いつも噛みしめていれば味わいが出てくる。そして苦しい境遇にあっても耐えることができれば、味わい深い人生を送ることができるという意味が込められている。[5] 同書は上下二巻、あわせて三五七条あり、一条一条が短く、今でいう自己啓発書とでもいえよう。現在の中国でも、多数の書物が書店に置かれているといわれている。

・洪自誠

著者の洪自誠については、どのような人物であったのか一切不明であるが、明代末は、政治的腐敗がはびこり、国の中枢が自滅していく時代であった。激しい競争社会で様々な体験を積み、おそらく優秀な官僚として活躍した後に、政争に巻き込まれ、人々の過酷な浮き沈みも見、その後、引退した人物ではないかといわれており、また一介の庶民として生きた人らしいという説もある。[6]出生及び仕事内容は不明であるが、洪自誠は道徳の大切さを述べるとともに、儒家でありながら、仏教や道教にも共鳴した人物といわれている。

『菜根譚』で示されている逆境を乗り切る知恵のポイントを、筆者のコメントをはさみながら検討してみる。本書はレジリエンス力を身に付けるための思考を検討しているが、そこで検討している事項と洪自誠の指摘とは本質面において実に似ている。[7]

「逆境の中にいるときは、身の周りのすべてのことが鍼（はり）や薬になり、それで節操を砥ぎ、行動をみがいているのであるが、本人はそれに気づいていない。これに対して、順境にあるときは、目の前のすべてのことが、実は刃や戈（ほこ）となって、それで肉を溶かし骨を削っているのであるが、本人はそれを知らずにいる」（同書、前集九九でいわれている内容の日本語訳)。

上の洪自誠の言葉を、湯浅邦弘は次のように説明している。

「自分の人生が思うようにならないとき、そこで体験することはすべて自分を磨く薬になる。つまり、逆境こそがその人を鍛える。なかなか本人はそれに気がつかないけれど、逆境をマイナスに捉えるのではなく、むしろ前向きに捉えるべきだといっている。」

逆境にいることが、自分を鍛えてくれるチャンスと捉え直そうといっている。苦しい逆境の中にいるときに、こうしたプラス思考の考えをすることは難しいが、マイナスの中にプラスがある、チャンスがあると捉えることは再起力、復元力をもたらす思考の一つでもある。こうした約四〇〇年以上前の思考は、現代でも有効である。逆境をマイナスに捉えるのではなく、前向きに捉えるべきだという洪自誠の主張は、前節で検討したように一九九八年のセリグマンによるポジティブ心理学の中でいわれている楽観主義と相通じるものがある。

楽観主義とは、将来に対してよい出来事や進展を期待することである[8]。楽観的な人は、期待と意欲が高く、逆境から立ち直り、以前よりも良い状況をつくり出す努力をする[9]。ポジティブ心理学の研究によれば、楽観主義者と悲観主義者では、出来事について説明するスタイルが対照的である。悪い出来事が起こったとき、楽観主義者は、悪い出来事は「長く続かない」、「このことに限られており、他の面ではうまくいっている」、「外の原因によるものであり、自分のせいではない」と解釈・説明する。一方、悲観主義者は悪い出来事が起こったとき、それは「長く続く」、「自分はなにをやってもそうだ」、「自分のせい」だと解釈・説明する[10]。

双方ともに、出来事について説明するスタイル（セルフトーク）であるが、楽観主義者の説明スタイルは、自分に心の中で説明する、言い聞かせることにより、健康なエネルギーや自らの動機付け、問題解決のスキル、自信などにより、現状に有効な対応策を見つけやすくなるものである[11]。

ただ、楽観主義といっても、洪自誠が言うように「逆境にいることが自分を鍛えてくれるチャンスと捉え直す」ことを怠った、単なる甘い楽天主義では危機からの復元はできない。「人生の変化はすべて学習と成長のチャンスになり得るという事実に気付かないといけない」、そうでないと、人生に対する自由放任主義的態度がその人を弱めることになる[12]。

筆者の考えでは、洪自誠は逆境下での楽観的思考と単なる楽天主義との違いを意識してか、逆境に陥った時には「耐えながら、一歩ずつでもいいから前進し、結果が表れるには時間がかかるから辛抱すること」ともいっている。まず逆境を直視し、逃げず前向きに捉え、逆境をチャンスと思いつつ努力する楽観思考を主張しているのである。

洪自誠は同時に、順境下で特に絶好調でいるときには周りが見えなくなっているので、衰

図表3－2　コリンズの衰退の5段階モデル

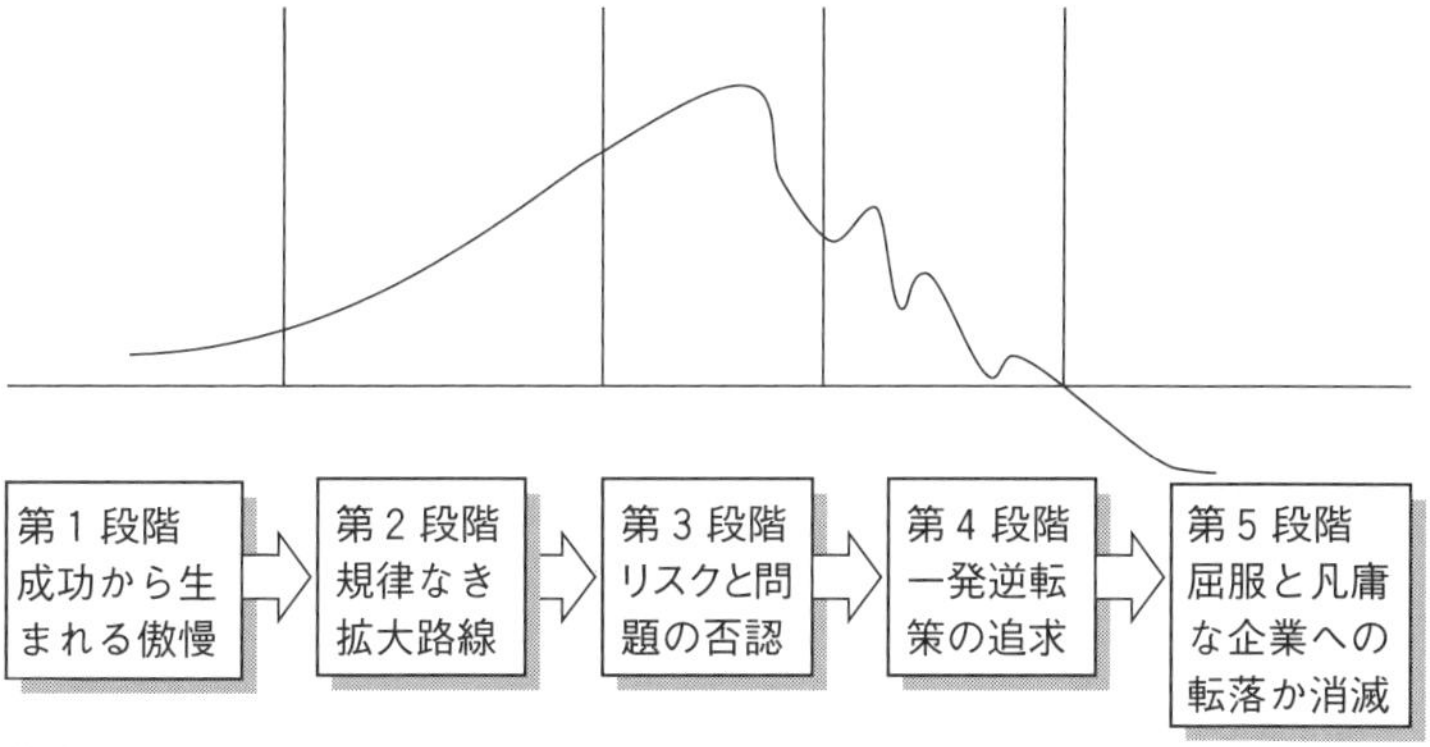

（注）縦軸は企業価値を示し、横軸は時間的経過を示す。
（出典）Liker and Ogden（山岡訳［2011］）を参考に一部変更し筆者作成。

退の備えをすることが肝要であることもいっている[13]。約四〇〇年前のこの指摘は、二〇〇九年にジェームズ・コリンズ（James Collins）が米国企業を対象として行った企業の衰退に関する調査結果の中で示した次の結論とほぼ同じである[14]。

すなわち、コリンズは企業の衰退モデルには図表3－2にあるように五段階があるという。第一段階は創業からこれまでの成功に至る間に、「経営者には傲慢が生まれる段階」、それが次の第二段階である「規律なき拡大路線」に経営者を向かわせる。その結果、次の第三段階である企業発展のピーク時には、経営者は「自社の経営リスクと問題が見えなくなっており」、その結果、企業業績の悪化に対応するため、次の第四段階の「一発逆転策の追求」に至るが、経営の再建には至らず第五段階の「凋落」に至るという五段階モデルである。

コリンズのモデルの第三段階、すなわち「経営リスクと問題の否認」の段階で、もし米国の企業家が、約四〇〇〇年前の渋自誡のいう「順境下で、絶好調にいるときには周りが見えなくなっているので、衰退の備えをすることが肝要である」ということを守り、リスクマネジメントによる経営リスクの予防策を打てば、第四段階以降に至る可能性も低くなったであろう。

「仕事が行き詰まり、とことん形勢が悪い人は、その初心が何であったかをもう一度検討し直すべきで、成功してこの世の春を楽しんでいる者は、その行く末を考えなければならない。」（前集三〇）

渋自誡はまた人が仕事に行き詰まり、とことん形勢が悪くなった時、失意の底から再起を図る一つの思考として、「初心をたずねる[15]」ということを言っている。「初心をたずねる」ということは、ビジネスでいえば、企業ビジョンであり企業使命にもう一度戻るということである。「どういう目的で会社を興し、どういう事業で世に役立ちたかったのか」、「会社の商品・サービスが社会問題の解決にどう役立つのか」などについて、自問自答してみることをいっているのではないだろうか。第五章と第六章で見る事例でも、この企業ビジョンや使命が逆境からの復元力の源の一つになっている点を検討するが、渋自誡はまさにこうした点の重要性、言い換えればレジリエンスの要諦を四〇〇年以上前に指摘している。

②　ビクトール・フランクルと『夜と霧』

二番目の人物は第二次世界大戦時に、ナチスの強制収容所に三年間収容されたビクトール・フランクル（一九〇五～一九九七）である。フランクルは一九〇五年にユダヤ人に生まれ、二六歳の時に、ウイーンで精神科医になった。しかし、ナチスの「ユダヤ人狩り」により、一九四二年三七歳の時に、両親、兄、妻（新婚九カ月）とともに収容所へ抑留される。父はその年に強制収容所で餓死。一九四四年、フランクルは家族とともにアウシュビッツへ移送され、母と兄がここで死亡。フランクルはここで三日過ごし、他の収容所へ。妻も他の収容所に移送され、そこで一九四五年終戦の年に死亡。フランクルはデリュクハイム収容所で一九四五年四月に解放される。

フランクルは約三年間の殺伐とした収容所生活を経験し、生き抜く。終戦後、九日間でこの時の体験記、『夜と霧』を書きあげ、一九四七年に刊行。日本では一九五六年に初版、一九九一年には「私の人生に最も影響与えた本」のベスト一〇に入る名著となる。(16)

第二次世界大戦という戦争リスクの渦中、ただユダヤ人に生まれたというフランクル自身にはどうしょうもできないそのことだけで、収容所に家族、妻とともに強制移送された彼は、約三年間、絶望の中でも生き延びて生還できた。まさに逆境の中で経験した精神科医、フランクルの言葉にはレジリエンスの本質的要素がある。

フランクルの経験では、収容所で生死を分けたもの、つまり何とかしのいで生き返ってこられた人と、亡くなった人との違いについて、彼は次の二つの要因を挙げている。第一は「未来に希望を持ち得るか否か」である。収容所という過酷な状況の中で生きながらえた人とは、「未来に希望を思い描き、それを見失うことがなかった人」[17]ということである。第二は、収容所ではみな、無感動、無関心になっていくが、反面、政治情勢や戦況への関心と特定の宗教あるいはそれがなくとも精神性の高さ、豊かさ、スピリチュアリティ（人間を超えた崇高な何か）とのつながりを大切にする（精神的態度）人は生き延びることができた確率も高かったという。

フランクルの経験に基づく、こうした主張と本書の主題であるレジリエンスとを関連付けてみよう。逆境下でレジリエンス力のある人は、第一の要因としての「未来に希望を思い描き、それを見失うことがなかった人」については、死と隣り合わせの逆境下にあっても、自分の使命や目標、夢を思い起こし、それを誰かが待っている、何かが待っているという使命感に転化し、その使命感を失わないことが逆境力の強さにつながるということになろう。

さらにフランクルは、こうした使命感は次の三つの要素から生まれるという[18]。第一は「創造価値」、本書との関連でいえば、仕事により生まれる価値である。フランクルは仕事の内容や仕事のもつ社会的価値が重要であるとはいわず、むしろ「自分に与えられた仕事にどれだけ最善を尽くしているか、どれだけ使命を全うできているか」が重要と言っている。

フランクルは使命感が生まれる第二の要素を「体験価値」、言い換えれば「何か」（例えば自然）とか「誰か」との出会いによりもたらされる価値をいう。例えば逆境下で得られた誰かからの支援や信頼、心のつながりがこれにあたろう。後にも指摘するが、レジリエンス力の醸成には感謝の気持ちと人との支えの交流が必要になるが、このことはフランクルのいう体験価値と合致する。

使命感が生まれる第三の要素をフランクルは「態度価値」、言い換えれば「自分では変えることのできない出来事に、その人がどのような態度をとるかによって実現される価値」を挙げている。大震災時、避難所で被災者同士、どういう態度をとるか、それはその人の精神性が試される時でもある。「パンを我先にと、取り争うのか、いい場所を我先に取り、他人を入れさせないのか、自分のことだけを考えて立ち回るのか」、それとも「励ましの言葉をかけるのか、子供やお年寄りに先にパンを譲るのか」などの一つひとつの精神的態度により実現される価値である。

ナチスが強制収容所の中で、「創造価値」と「体験価値」との実現を奪っても、「態度価値」

を実現する機会だけは奪えなかったとフランクルは言っている。

逆境に陥ると、創造価値や心地よいプラスの体験価値の実現は難しいか不可能であろう。しかし、自己の使命や役割を思い起こさせる「態度価値」、すなわち精神性が高い人や豊かな人は逆境に支配されず押しつぶされてしまうことが少ないといえよう。これこそが、復元力、レジリエンス力の重要な根源であろう。

復元の先に幸福が待っているかもしれない。しかし、フランクルは次のようにもいっている。「幸福は追い求めるほど逃げていく（幸福の逆説性）」。他者からの、あるいは世界からの問いかけに応えようと人が無心に何かに取り組んでいるとき、その結果として、幸福や自己実現は自然と生じてくる。フランクルは「自分の幸福」を追い求める「自己中心の生き方」から、人生からの呼びかけに応えていく「意味と使命中心の生き方」へと、生き方を転換することを求めている(19)。

先に見た約四〇〇年前の洪自誠も、幸福を求めることに関して、ほぼ同じ見解を示し、次のようにいっている。「貞節な人はことさらに福を求めなくても、天がその人の真心に感応して福を授ける。天は無心であるところに対して、幸福を与える(20)」。

二人の先人の思想は非常に重く、「使命中心の生き方」は企業ビジョン重視型、企業使命型経営に無心で取り組むこと、社員、顧客、利害関係者満足のことのみを考えること、という思考の重要性を教えてくれているのではないだろうか。

（２）地域レベルでのレジリエンス

ここでは、地域レベルからレジリエンス問題を検討する。事例として、最近、日本企業の進出も著しいベトナム・ダナン市（Da Nang City）のレジリエンスを紹介する。

次ページの写真は、二〇一四年八月二九日発行のベトナム・ニュース誌の第一面の掲載内容で、ダナン市が世界の四〇〇の都市の中から、レジリエントな一〇〇都市に選ばれ、そのうち上位三三番に入った都市であることを報じたものである。

ダナン市のレジリエンスの評価はロックフェラー財団により行われたもので、同財団は下記にみるレジリエンス・フレームワークの基で世界の都市のレジリエンスを評価し、その結果を公表している[21]。企業から見れば、この種のフレームワークをベースに当該相手国のチャンスやリスク、そしてレジリエンス力を捉えておくことは意義があろう。

都市別のレジリエンス力を測るこの試みにおいて、ロックフェラー財団は都市のレジリエンスを次のように定義している。

「City Resilience is the capacity of individuals, communities,institutions, businesses, and systems within a city to survive, adapt, and grow, no matter what kinds of chronic stresses

図表3−3　ダナン市がレジリエントな都市に選ばれる

ロックフェラー財団の８月28日の発表では、６大陸にある約400都市の中で、ダナン市がレジリエントのある都市100都市中、33位の都市に選ばれた（筆者要訳）。

and acute shocks they experience.」（筆者日本語訳：「レジリエンスとは、たとえ、都市が何らかの長期で深刻なストレス（失業、重税、効率の悪い交通網、感染症、風土病、水不足などによる）やショック（地震、疫病、テロ攻撃などによる）を被った場合でも、都市の住民、コミュニティ、組織、システムが耐え抜き、適応し、そして成長していく能力（受容力）をいう」としている。）

そしてレジリエンス力をつけることにより、特定のショックやストレスにさらされたときに、先を見越した行動と統合的な計画によりストレスやショックに、より効率的にチャレンジしていこうとしている。要するに。レジリエンスは短期的にもまた長期的にも国や都市をよりよくするものであり、このことは住民にとっても重要であると位置付けている。

筆者が特に関心をもつのは、都市のレジリエンスを測るその指標である。ここでは主に目に見える指標のみが用いられているが、次ページにあげた図３－３を参考に都市のレジリエンス測定指標を検討してみよう。

地域レベルでのレジリエンスのフレームワークは、第一に四つのマクロ的な指標があり（①健康／幸福、②経済／社会要因、③インフラ／環境、④リーダーシップ／戦略）、第二にこれら各マクロ要因別に、次に示す一二のサブ要因がある。

（マクロ的指標とそのサブ要因）

① 健康／幸福（基本的ニーズの達成、生活や雇用の支援、健康の維持）

② 経済／社会要因（コミュニティ活動、社会的安定／社会福祉の確保／公正さの確保、経済的繁栄）

③ インフラ／環境（自然資産・その他の資産の維持、危機管理による持続性確保、信頼できるコミュニケーション手段や移動可能性）

図表3－3　ダナン市のレジリエンス測定指標

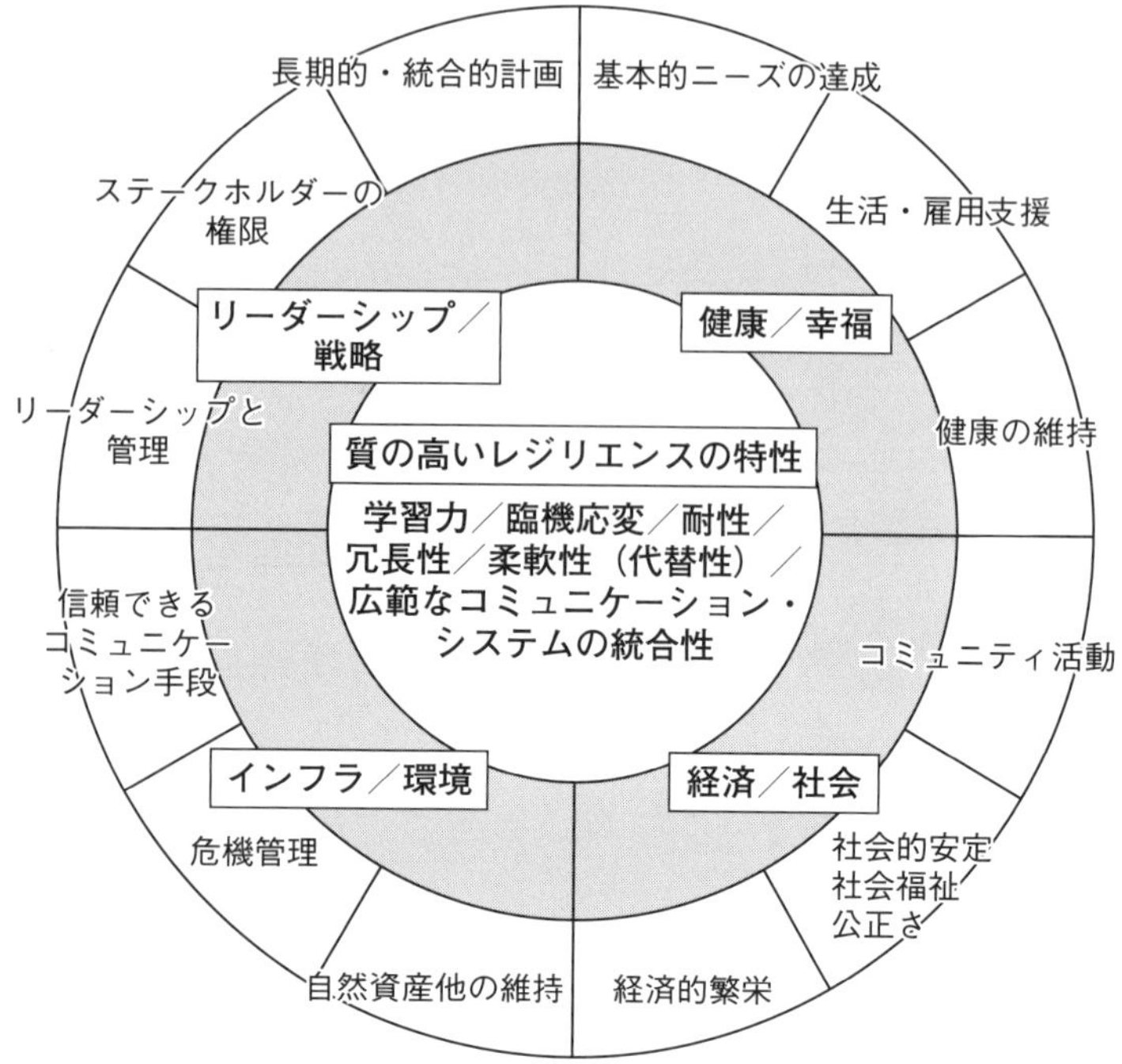

（出典）ロックフェラー財団支援によるArup社のThe City Resilience Frameworkを参考に筆者が日本語に要訳。

④　リーダーシップ／戦略（リーダーシップの発揮と効果的管理、ステークホルダーの権限確保、長期的・統合的計画の確保）

上記四要因とそれにかかわる計一二のサブ要因に加え、質の高いレジリエンスの特性として次の七要因を挙げている。

（質的指標）

①学習力、②臨機応変、③耐性、④冗長性（システムの構成要素の一部が故障しても、システムとしての機能が全うできるように代替的な構成要素が付加されていること）、⑤柔軟性、⑥広範なコミュニケーション、⑦システムの統合性。

質的指標のうち、臨機応変、耐性、柔軟性、広範なコミュニケーションなどの要因は、本書で指摘されているようにビジネス・レジリエンスにおいても同様に重要な要因となる。レジリエンスの測定指標に関しては、上のロックフェラー財団による指標以外に、ペイトン（D. Paton）による研究もある。

ペイトンは、個人、コミュニティ、制度・環境の次元で、コミュニティの問題を考えたり話したりする頻度（Critical Awareness）、困難な状況を切り抜ける能力に対する信念（自己効力感、Self-efficacy）、帰属意識（Sense of Community）、コミュニティの課題に対する参加とコミットメント、重要な決定を下すメンバーとしての包摂（Community competence）、代表的な意思決定や困難を乗り越えるための集団的な行動に関する能力（Collective efficacy）などが、多層的に相互作用して、社会のレジリエンス（societal resilience）が構成されると考えている[22]（図表3－4参照）。

ペイトンの研究では、個人レベル、コミュニティ・レベルそして組織レベルの三層で互いに相互影響を受けながらレジリエンスが形成されていくという主張、そして各レベルでの心理的要因を含むソフトな要因が強調されている。上の三層での協力については、東日本大震災以降、防災の専門家などを中心に、いわゆる自助、共助、公助の効果的ミックスにより自然災害リスクへの対応を図るという考えが出ている。巨大自然災害リスクのもつパワーは計り知れない。個人レベルではもとより、地域及び国との三層における協力により、自然災害リスクという社会的なリスクに対応しようという考えは極めて重要である。

また、ペイトンのモデルにおけるソフト要因の重視に関しては、筆者も従来より、この種のソーシャル・リスクに対しては、ハード・コントロールによる対応に偏重することは、人のリスクに対する準備意識を鈍くさせ、避難行動を遅らせるということを主張してきた[23]。むしろ、本書で何度も指摘しているように、ソフト・コントロール力（防災教育の程度、避難訓練、トップの危機に対する姿勢やリーダーシップ、社員の協力関係、リスク情報の共有、ネットワーク力、過去の経験による学習力、リスク教育他）の醸成が必要であるとともに、

図表3－4　多層的レジリエンスモデル

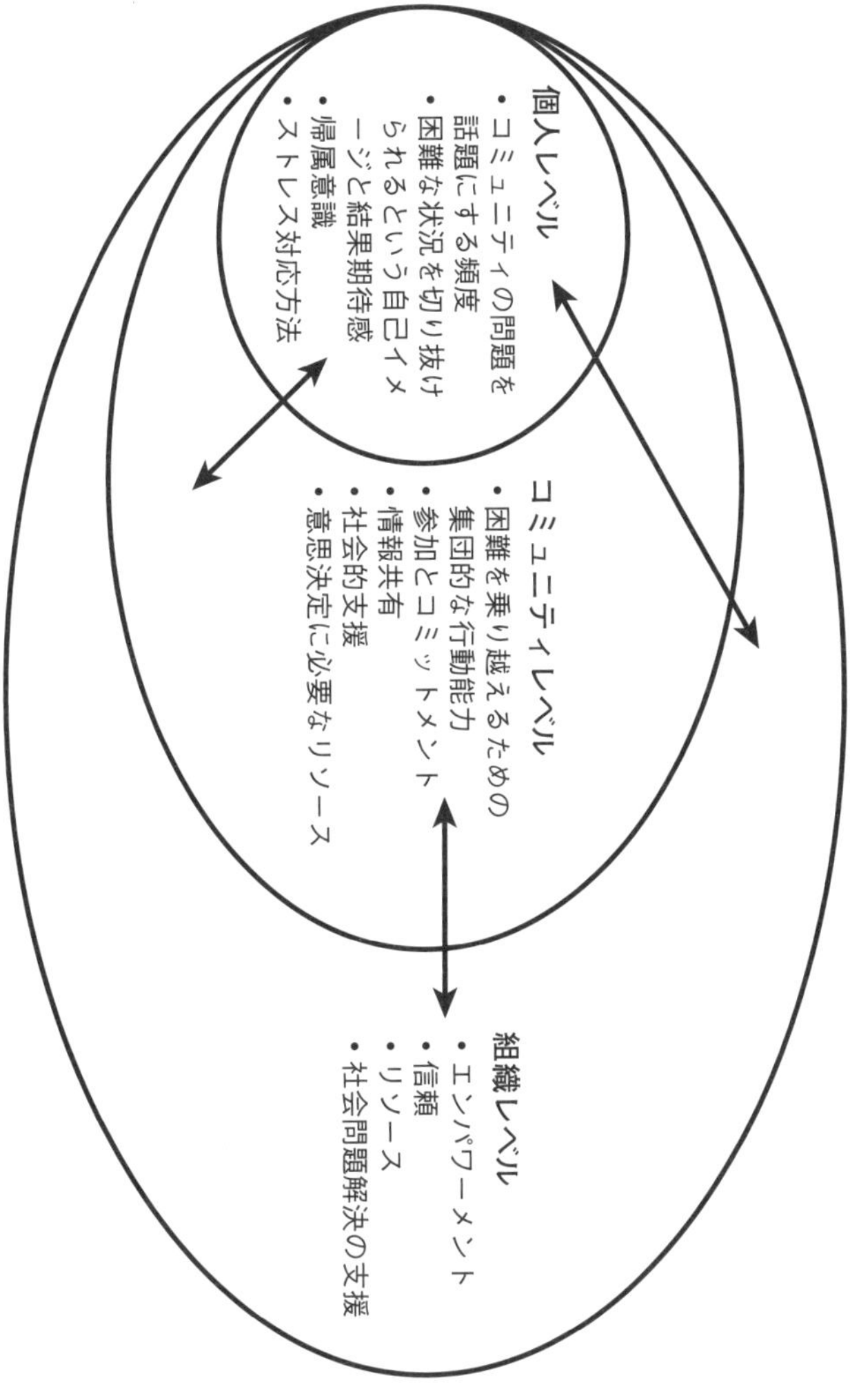
個人レベル
・コミュニティの問題を話題にする頻度
・困難な状況を切り抜けられるという自己イメージと結果期待感
・帰属意識
・ストレス対応方法
コミュニティレベル
・困難を乗り越えるための集団的な行動能力
・参加とコミットメント
・情報共有
・社会的支援
・意思決定に必要なリソース
組織レベル
・エンパワーメント
・信頼
・リソース
・社会問題解決の支援

（出典）藤井［2012］７頁。

ソーシャル・リスクによる精神的打撃の緩和に関しては、セルフ・コントロール、カウンセリング、コンサルタント、コーチングのいずれかの手段を単独にまたは調整のうえ、併用して用いる理論である災害リスク・コーディネーション理論[24]がある。これらの主張は、ペイトンの研究と整合しており興味深い。

災害心理学が専門の広瀬弘忠は、災害に対する社会の強さを災害弾力性と位置付け、それを概略、次のように定義付けている。①災害をプラスに変える能力、②前向きな気持ちと忍耐力を失わない力、③災害のダメージから速やかに回復することの三点である。[25]

広瀬は災害弾力性を災害への抵抗力（防災力や減災力）と回復力（本書でいうレジリエンス）で出来ているといい、災害への抵抗力は「社会の豊かさ、防災への投資力、防災努力、安全を求める気質・風土、防災インフラの整備」からなるという。一方、レジリエンス構成要因として、「コミュニティの結びつき、復興へのモチベーション、被災地域のリーダーシップ、過去の被災経験、被災地域の魅力」を挙げている。レジリエンスを構成するこれら五つの要因は、終章で検討されるが、企業レベルのレジリエンスを検討する際にも重要な要因として取り上げられる（図表3－5）。

広瀬はどうすれば災害弾力性をもつことができるかについて、概ね下記の指摘をしている。筆者の意見を含め検討してみよう。

図表3−5　地域レベルでのレジリエンス：災害に対する社会の強さ（災害弾力性）とレジリエンスの関係・指標

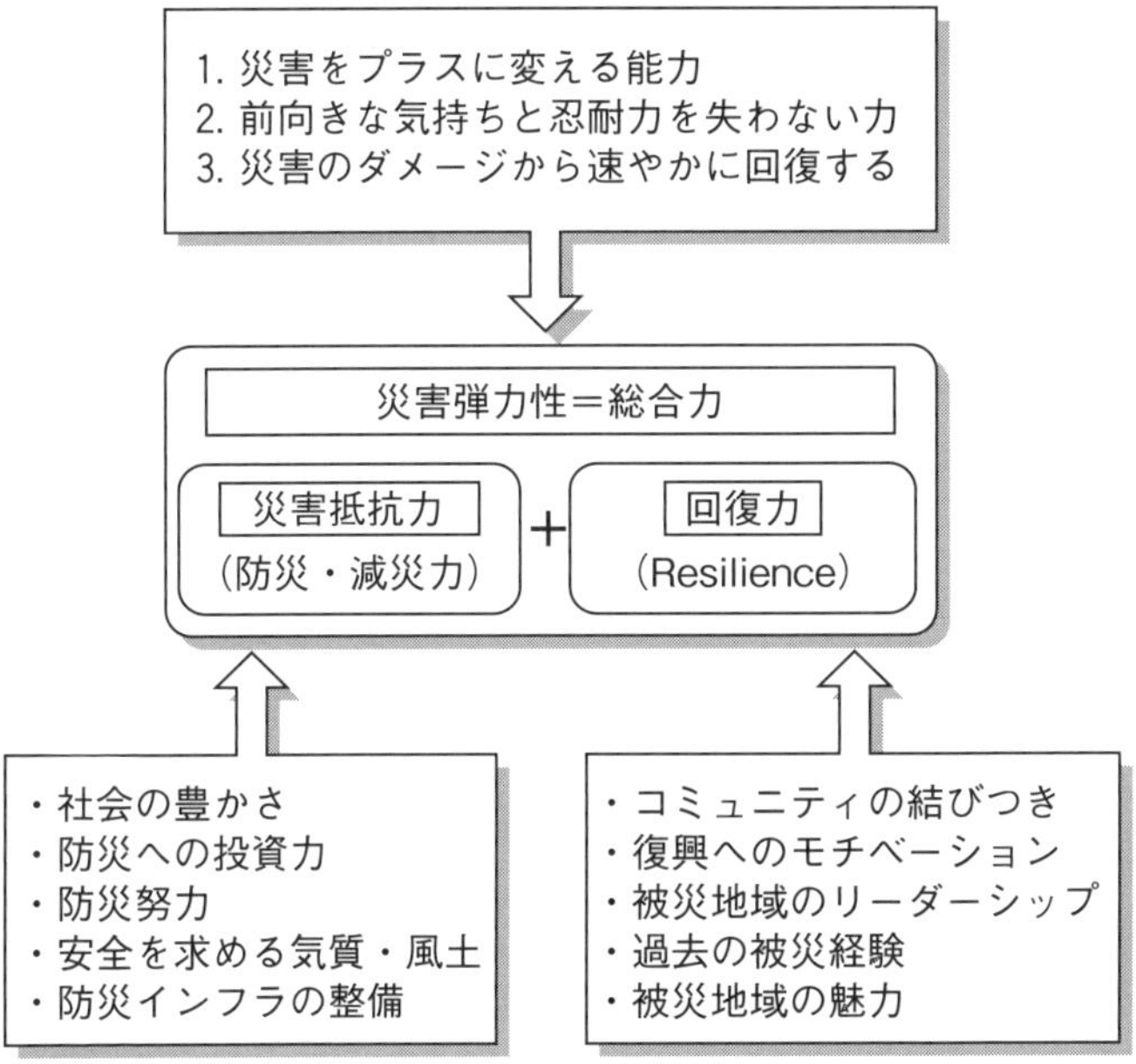

（出典）広瀬［2007］45-52頁、130頁。広瀬［2011］158頁を参考に作成。

第一は、リスク関する知識・情報をもつことをいっている。いわゆるリスク・リテラシーの向上である。このことは言い換えればリスク教育を通したリスク知識の向上である。自然災害リスクが対象であるならば、自然災害リスクに関する様々な基礎的知識を増やし、リスク直視をしつつ、生活、活動をしていくことと関連する。

第二は目の前の災害を冷静な目で、前例に捉われず判断する思考の柔軟性を指摘している。これはリスクを学ぶとともに、いざという時の対応をマニュアルや思い込みのみに頼らず、とっさの判断力や柔軟思考の重要性をいっている。リスクは常に変化し、過去と同じ大きさのリスクは一つとしてない。次節で検討するが、「過去にこの地域は地震の後の津波が来なかったから、今回も津波が来ない」と考えるのは非常に危険である。常に万が一のことを想定しなければならない。

第三は楽観主義と忍耐力（ポジティブなメンタル特性）の重要性をいっている。逆境に陥った時に、楽観主義的な思考やユーモア精神を発揮することは難しいことではあるが、いくつかの研究成果ではレジリエンス力の向上に貢献する要因の一つとして示されている。

例えば、平野真理の研究成果では、サウスウィック（S. M. Southwick）による論文を参考にしながら、ベトナム戦争で捕虜になりながらも、ＰＴＳＤ（心的外傷後ストレス障害）を発症しなかった人の特徴として、①楽観主義、②利他主義、③確固とした道徳的基盤、④信仰心やスピリチュアリティ、⑤ユーモア、⑥自分の役割モデルを持っている、⑦他人の社会的なサポート、⑧恐怖を直視できる、⑨使命感、⑩トレーニングを受けていること、が挙げられている。ここに示されている楽観主義やユーモアを含む計一〇の要因は極めて高いストレス・リスクに対するリスク緩和、リスク連鎖の遮断、リスク予防の各要因である。[26] 戦争リスクと自然災害リスクによる被災者のレジリエンスを直接比較するのはやや無理があるかもしれないが、参考になる研究成果である。またポジティブ心理学の権威であるマーティン・セリグマン（M. Seligman）も楽観主義者は行動的で、社会的支援が受けやすく、免疫力も高いという趣旨の研究成果を示している。[27]

広瀬によるその他の要因に「豊富で多様な政治・経済・社会的資源とマンパワー」と「資源を適時に活用できる実行能力」を挙げているが、これらは国や市による共助の力と地域や国、企業レベルでは経営者のリーダーシップに関する問題である。

(3)　国レベルでのレジリエンス教育

筆者は本書で、日本は世界一自然災害リスク指数が高い国であるという点を既に指摘した。大地震や大津波、大洪水などの巨大自然災害リスクは発生頻度は低いが、一旦発生すると損失は甚大なものになる特性がある。発生頻度が低く人々の被災経験が必ずしも多くないうえに、人々の忘却も手伝い、一旦、この種の巨大自然災害リスクにさらされたときの人々の避難行動には幾つかの矛盾や問題が生じる。この原因には、人のリスクに対する捉え方や知識、危険かどうかの判断力、過去の経験、地域や国民のリスク文化など多様な要因が連鎖した結果、生命の危機に一挙に直面する事態が生じる。

レジリエンスを醸成する要因の一つに、「過去の逆境から学ぶ」がある。これを可能とするのは、上記のようなソーシャル・リスクに対しては、筆者は児童期からのリスク教育が重要であり効果的と考えている。リスク直視ができるように、リスク教育の中でレジリエンスに関しても同時に情報共有していくことが必要である。

しかし、残念ながら日本では、本書で検討しているレジリエンスを含むソフト・コントロール力の向上に向けた情報共有、リスク教育がほとんどなされていない。人々の避難行動に幾つかの矛盾や問題が生じる原因のもとには、巨大災害リスクに対する人々の思い込み（リスク知覚）が深く関係している。この分野の研究は主に災害心理学分野で検討されてきたが、ここではこうした知見も参考にしながら、最初に、リスク知覚に影響を与える要因、自然災害リスクと人々のリスク知覚そして避難行動の関係について検討し、第二に東日本大震災時の人々の対応行動を事例として検討する。第三に、リスクへの思い込み現象から得られる教訓をソフト・コントロール視点から検討し、最後にソフト・コントロール力とレジリエンス力を向上させるためのリスク・コミュニケーション問題、とりわけリスク教育とレジリエンス教育の問題について検討する。

①　リスクに対する人の思い込み（リスク知覚に関するパラドックス）

リスク知覚（Risk Perception）とは、スロビック（P. Slovic）らの定義では「恐怖心をもたらす出来事や行動の深刻さ、発生可能性、受容の程度などに関して、人々が見、感じたことや、その結果に関する口頭や身振りでのメッセージによる情報交換、そして判断の形成をいう。[28]」大地震リスクを例に、リスク知覚を説明すれば、人が大地震にどの程度恐怖心をもつか、どういう情報共有をするか、どういうリスク対応の態度や行動をとるかの基本部分をいう。言い換えれば人のリスク評価の根幹にかかわる部分であり、どういうリスクマネジメント策をとるかの方向性を決める部分である。

こうしたリスクに関する人々の意思決定は、リスク知覚により大いに左右される。多くの研究者によれば、リスク知覚は、①人の常識、②過去の経験、③社会的コミュニケーション、④文化的伝統により形成されるという。[29] またリスク知覚あるいはリスク認知の代表的研究者であるスロビックは、一般人のリスク認知のバイアスの特徴として、①出来事（リスクと捉えられる）の記憶しやすさ、想像しやすさ、②リスクがあることの指摘、③強固な信念、④

リスク情報の提示の仕方、を指摘している(30)。

例えば発生頻度は低いが、損失は甚大な大地震や大洪水などの巨大自然災害リスクに対しては、人の不安は強く、したがって発生時の避難行動は迅速に行われると思われるかもしれないが、実際の避難行動には災害心理が働き、必ずしも迅速な避難行動が見られない。多くの一般の人々は巨大自然災害リスクへの知識が乏しく、巨大自然災害の経験も乏しいので、リスク対応面では、専門家が考える客観的なリスク評価よりも、次の事例で検討するように、「過去の経験や先入観、思いこみ」などの、かなり主観的側面がリスク認知を形成していく。その結果、避難行動が遅れ、リスクによる損失を拡大させることになる。

図表3－6は上記の自然災害リスク→人々のリスク知覚→避難行動の関係を示したものである。この図表は、リスク発生と避難行動の間に、リスク知覚があり、この要因がリスクに関する先入観や思い込みを生じさせ、ここでいうリスク・パラドックスの状況が生まれることを示している。

次に、二〇一一年三月一一日に発生した東日本大震災時の人々の避難行動に関するリスク・パラドックスに関する事例を三つ検討する。

図表3－6　自然災害リスク、人々のリスク知覚、避難行動の関係

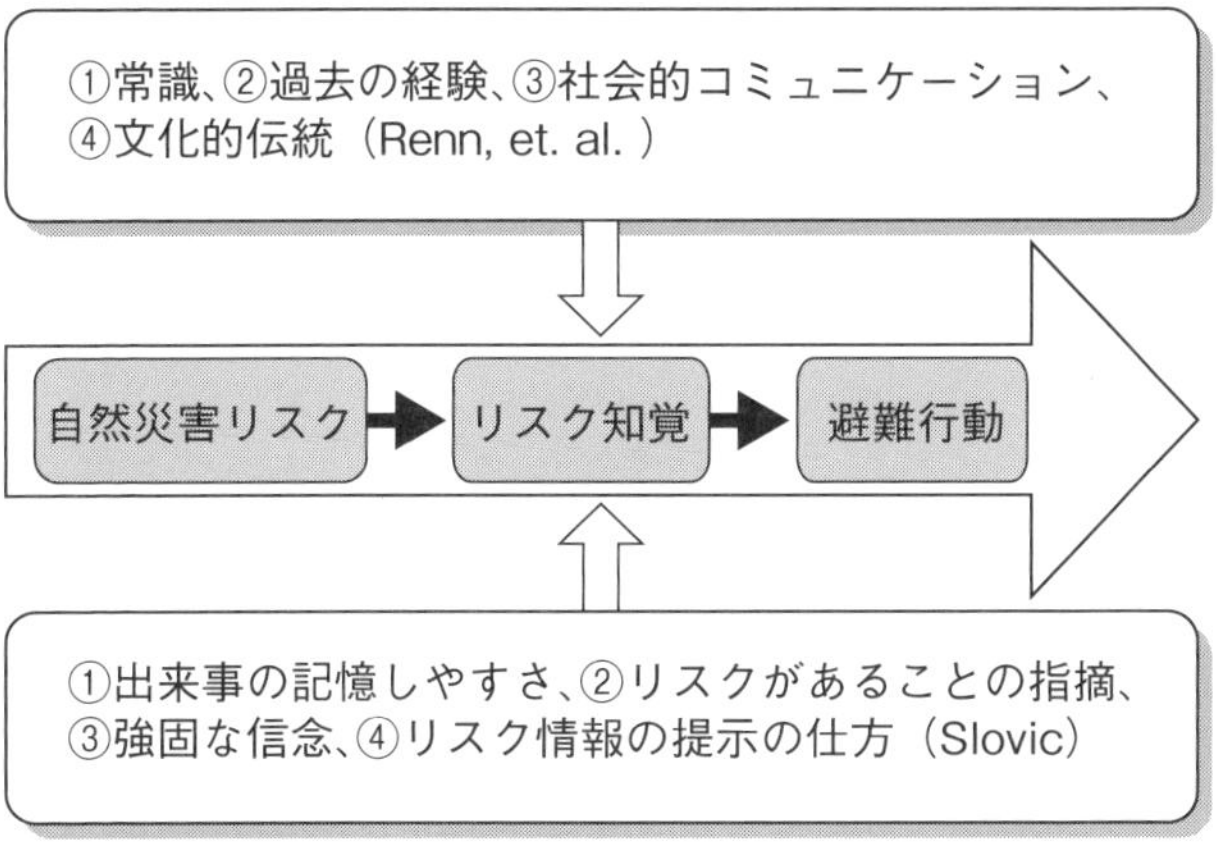

（注）筆者が、関連する文献を参考に作成。

②　東日本大震災時のリスク・パラドックス—事例[31]

［事例1：①ハード・コントロール（防潮堤）への過度の依存］

岩手県宮古市田老地区は、これまで多くの津波被害にあっている。一八九六（明治二九）年の明治三陸津波で一、八五九人が、一九三三（昭和八）年の昭和三陸津波で九一一人が命を奪われている。こうした過去の災害の歴史もあり、大規模な防潮堤の建設が一九三四（昭和九）年から始まり、一九五八（昭和三三）年には高さ約一〇メートル、上辺の幅約三メートル、総延長約二・四キロの大がかりな防潮堤ができている。その二年後の一九六〇（昭和三五）年に発生したチリ地震による津波では、三陸海岸の他の地域で犠牲者が出たにもかかわらず、この防潮堤により田老地区の被害は軽微にとどまった。

しかし二〇一一年の東日本大震災では津波が二つの防潮堤をやすやすと乗り越え、防波堤は約五〇〇メートルにわたって倒壊し、市街は全滅状態となり、地区の人口四、四三四人のうち二〇〇人近い死者・行方不明者を出す結果となった。

これは、一九六〇（昭和三五）年のチリ地震によるこの地区での損失は軽微であったことが、多くの人々に安心感を与え、東日本大震災時の避難行動を遅らせたのではないかといえる。災害心理学でいわれている**「経験の逆機能」**つまり「過去の経験や事例に囚われすぎて油断をし、損失を拡大させること」が働き、犠牲者が増えたのである。過去の経験則だけに囚われるのではなく、リスクは変化すること、これから起こりうることを柔軟に思考することなどが重要となる。「過去の経験や先入観、思いこみ」がリスク・パラドックスを生じさせた例である。

［事例2：ハザード・マップへの過度の依存］
自然災害リスクに対するハード・コントロール策の一つに、ハザード・マップ（被害予想図）がある。図表3－7の左の図は二〇〇五年に作成された岩手県大船渡市のハザード・マップであり、図の濃いエリアが津波による予想浸水域であった。しかし、二〇一一年の東日

図表3－7　大船渡市のハザード・マップによる津波

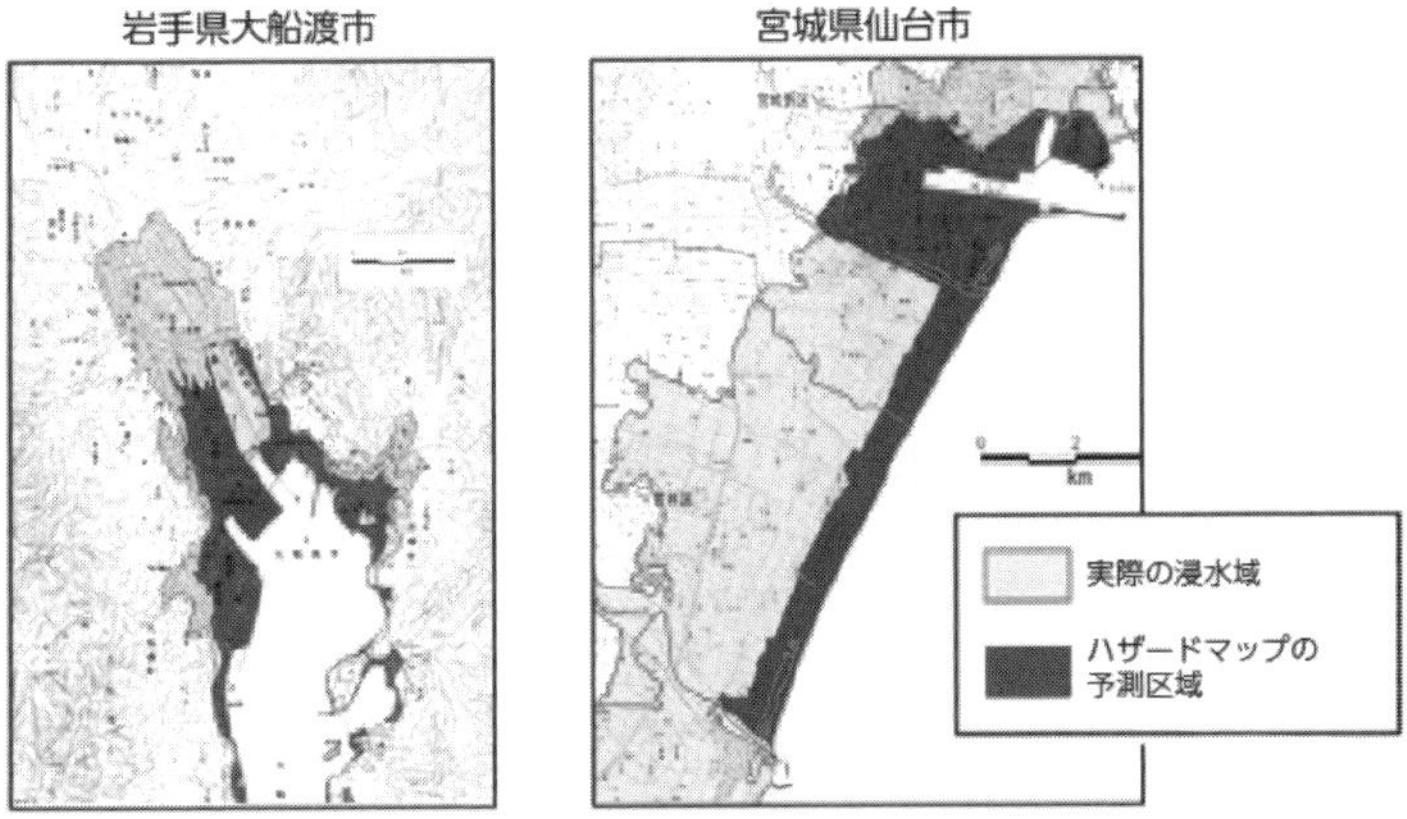

（出典）　内閣府。

本大震災では、大船渡市には最大波一一・八メートルの津波が襲い、より広範に内陸部まで津波が到達している（図の薄い部分）。その結果、市の中心部は壊滅、死亡三四〇人、行方不明七九人の犠牲者がでた。

図表3－7の右側の図は、宮城県仙台市のハザード・マップの津波予測エリアと実際の浸水エリアとを示したものである。仙台市民の死者数は、八七二人であり、このうち市内で死亡が確認された方は七九七人にも及ぶ。

リスクの大きさは時とともにまた状況により常に変化する。ハザード・マップは一つの資料であり、危機発生時のとっさの判断が常に重要になる。人口のどれだけの人々がハザード・マップを見ていたかは分からないが、今回の大震災ではハザード・マップを過信していたことによる油断があったのかもしれない。この事実も、リスク・パラドックスの一例である。

［事例3：災害心理がバイアスとなり、被害を甚大にした宮城県名取市[32]］

二〇一一年三月一一日宮城県名取市閖上地区では幾つかの災害心理の罠に陥り、津波による七〇〇人の犠牲者が出た。罠の一つは**「正常性のバイアス」**といわれるもの、つまり「危機発生時、危険でないと思う心理であり、避難したがらない傾向」である。三月一一日の地震発生直後、同地区の多くの人は、防災無線が使えない状況下また液状化現象が出始めた状況下、町中静かで多くの人々は緊張感もなく避難しようとする人の動きがなかったといわれている。特に海から遠い人たちの間にその傾向が高く、多くの犠牲者が出ている（七〇〇人中二一五人は海から遠い地域の人々で死亡に至っている。四人に一人の割合である）。

「正常性のバイアス」が起きた背景には、過去、東北地域を襲った一九六〇年のチリ地震が関係している。一九六〇年、チリ地震発生後の二二時間後に東北地域を津波が襲い、計一四二人が死亡している。しかしこの地区には濠があり、この時の津波は濠を越えておらず、犠牲者は一人も出ていない。この時の経験が災いし、「津波はこの地区の濠を越えない」という神話が生まれ、そのことが被害を大きくした。過去の自然災害の歴史を知ることは重要だが、一〇〇％同じ自然災害リスクが生じることはない。「経験の逆機能」つまり「過去の経験や事例に囚われすぎて油断をし、損失を拡大させること」が働き、犠牲者が増えた。過去の経験則だけに囚われるのではなく、これから起こりうることを洞察する力が重要となる。[33]
同日午後三時頃には名取市の液状化がひどくなり、避難する人が増えはじめたが、他人の命を守ろうとする「愛他行動」（危機に際して自身の危機回避を最優先せず、他者を救済しようとする行動に出ること）が生まれ始め、結果的に逃げ遅れて犠牲となった人が多く出た。
午後三時半頃、公民館に多くの人が避難、ラジオが一〇メートルの津波がくることを放送するが、電話、無線、携帯電話が使えない状況で多くの人は注意を払わない。多くの人が周囲と同調することで安心を得ようとするストレス回避作用である**「同調性バイアス」**に陥る。三時五五分、津波がこの地区を襲い多くの被害者が出た。
こうした非常時の災害心理はリスクに対する反応が鈍感になるところから生じるものだとすれば、それに加担しているのがハード面での進歩・充実（本章の事例では、防潮堤、ハザード・マップがこれにあたる）である。しかし、ここでの検討からわかるようにハード・コントロールへの過度の依存は必ずしも安全度を高めてはいない。

③　リスク・パラドックス事象から得られる教訓

以上の検討からわかるように、巨大自然災害リスクへの対応、避難行動はリスク知覚、言い換えればリスクに対するバイアス・メカニズムによる影響を受け、結果として避難行動を緩慢なものにし、多大な損失を受けることになる。このバイアス・メカニズムは、レン（O. Renn）やスロビック（P. Slovic）が言うように、次の諸要因から影響を受ける。[34]

レンは、以下の四つを挙げている。

①常識、②過去の経験、③社会的コミュニケーション、④文化的伝統。

一方、スロビックは以下の四つを挙げている。

①出来事（リスク）の記憶しやすさ、想像しやすさ、②リスクがあることの指摘、③強固な信念、④リスク情報の提示の仕方。

問題は、これら諸要因の中で最もコントロール可能な要因は何かを把握し、それに関する我々の学習を強化していくことが、繰り返される巨大自然災害リスクによる損失を最小化することにつながるということである。

そのコントロール可能な要因として、筆者は「リスク知識に関わる要因」、「社会的コミュニケーション」、「リスク情報の提示の仕方」を指摘したい。つまり専門家から一般大衆、地域の人々へのリスク情報の共有であり、特に児童期からの正しいリスク・リテラシーの涵養、リスク教育が世代間のリスク共有を可能とさせ、リスク・バイアス、リスク・パラドックスを最小化することにつながるといえる。そこで、次節でリスク教育の在り方とレジリエンス力の向上に関する各国の状況を検討してみよう。

④　キューバとオーストラリアのレジリエンス教育の概要

図表3－8は、日本、オーストラリア、キューバそして米国の近年の自然災害リスクによる犠牲者数をまとめたものである。キューバと米国は地理的に近くに位置し、共通の自然災害リスクはハリケーンである。ハリケーンはキューバ近海で発生し、猛威を振るいながらキューバを直撃し、北のアメリカ大陸にやや衰えながら上陸するケースが多い。しかし、キューバはハリケーン多発国でありながら、一九九五年～二〇〇六年の約一一年間において、熱帯暴風雨に三回、ハリケーンに八回見舞われながらも、この間の死者計三四人、年間平均三人という極めて犠牲者の少ない国である。

キューバと米国はともにハリケーン、豪雨という共通の自然災害リスクにさらされているが、キューバの被害者の数は米国と比べ極めて少なく、世界一防災力のある国といわれている。

二〇〇五年八月末、キューバはカテゴリ5のハリケーン（最大風速、時速二八〇キロメートル）に襲われる。米国の犠牲者数は図表3－8にあるように死者一、八三六人、行方不明者七〇五人、キューバのそれはデータの確認ができないが犠牲者の数はごく少ないものであ

図表3－8　４カ国の自然災害リスクによる犠牲者数

日　本	オーストラリア	キューバ	米　国
• 1991年　雲仙普賢岳噴火死傷者計52人 • 1995年　阪神淡路大震災　6,437人死亡 • 2011年　霧島山噴火、負傷者42人 • 2011年３月　東日本大震災21,839人死亡・行方不明 • 2011年８月台風　近畿、四国　94人死亡 • 2012～13年　大雪（日本海側）101人死亡 • 2013～14年　大雪（特に山梨）93人死亡 • 2014年　広島土砂災害77人死亡、44人重軽傷 • 2014年　御嶽山（3067メートル）の噴火、63人死亡（行方不明者５人含む）	• 2009年　森林火災　200人以上死亡 • 2010年　大雨　80人以上死亡 • 2011年　洪水、20人以上死亡 • 2012年　サイクロン・ヤシ　１人死亡 • 2013年　森林火災100人死亡 • 2015年　サイクロン・マーシャ　人的被害なし	• 2001年　ハリケーン・ミチェル　国土の52%が損害、国民の53%にあたる500万人以上が被災、死者は５人、16万戸以上の住宅が破壊されたが、１年未満で復旧 • 2002年　イシドレ、リリ、8,000戸家屋破壊、多くの公共建物、インフラ他破壊、死者１人、１カ月もかからずインフラ復旧 • 2004年　イワン、キューバ死傷者ゼロ、カリブ海では70人以上が死亡 • 2008年　グスタフとアイク、キューバ７人死亡、住宅50万戸破壊、20万人が住宅失う、農作物の35%被害 • 2012年洪水　２人死亡　ハリケーン・サンディ11人死亡 • 1995～2006年に、熱帯暴風雨３回、ハリケーン８回、この間、死者34人、年間平均３人	• 2004年　ハリケーン・チャーリー30人死亡 • 2005年　ハリケーン・カトリーナ　1,836人以上死亡・行方不明 • 2008年　ハリケーン・グスタフ160人死亡 • 2001年　竜巻　110人死亡 • 2011年　豪雨　330人死亡 • 2011年　ハリケーン　40人死亡 • 2014年　豪雨　100～120人死亡 • 2015年　豪雨　19人死亡

（注）　筆者が作成。

ったといわれている。二〇〇五年以外の二カ国の犠牲者の数をみても、キューバは自然災害リスクに強い国であることがわかるし、日本が自然災害リスクに対し脆弱であることもわかる。

⑤　キューバの自然災害リスクに対するレジリエンス

キューバが世界一防災力のある国といわれる背景には、国としてのコミットメント（人命救済の哲学）があるとともに、組織面では例えば、早期警戒システム、市民防衛制度、GPSの活用、組織的避難が有効に機能していることによる。社会・文化的側面では防災・安全文化が醸成されているとともに、連帯精神が浸透している。

キューバの防災教育面について付言すると、次の特徴がみられる。

(a)　防災が全国の学校カリキュラムの一部。

(b)　小学校での防災教育（一年から四年まで環境、四年からはハリケーンへの対応を学ぶ。子供がまず学び、親は子供から学ぶ。つまり世代間の情報共有である。小学五年と六年の地理と気象学でハリケーンとその予防について、高校ではその機能と仕組みについて学ぶ）。

(c)　訓練は各地域の特性に応じた訓練を各省庁、学校、病院、工場などで行う。

(d)　災害医療が医科大学のカリキュラムにも入る。[35]

総じて、キューバの防災面での成功理由として、下記の諸点が指摘されており、わが国にも大いに参考になる点がある。

①地元の指導力
②コミュニティの参画
③計画への人民参加
④ライフラインのコミュニティでの実現
⑤ソーシャル・キャピタル

英国クランフィールド大学のデイビス（Ian Davis）らによる「Learning from Disaster Recovery」の要約版によると、二〇〇五年カトリーナによる米国とキューバの被災に関して、レジリエンスの視点から以下のように分析している（図表3－9参照[36]）。

・キューバのケース

① ショックの吸収、災害前のリスク軽減が行われる。
② 災害後、立ち直りへ、災害後、復興が進む。
③ 安全で回復力に富むようにするためのコミュニティへの改善（筆者一部加筆）が見られる。
④ キューバは今後、順調な発展が予測できる。

図表3−9　災害ダメージからの回復の有無

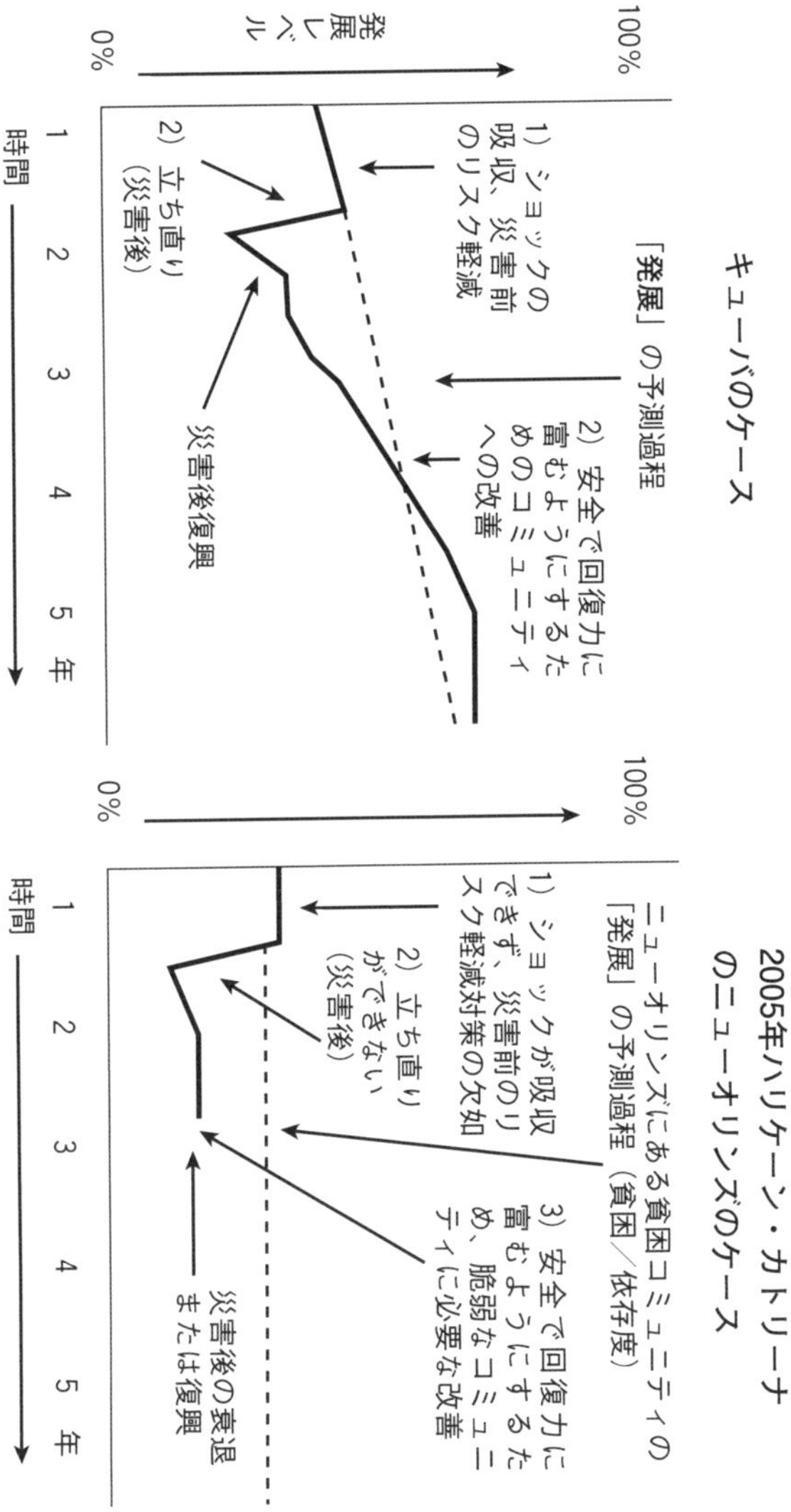

（出典）Davis, et. al［2007］pp.4-5.

・ニューオリンズのケース

① ショックが吸収できず、災害前のリスク軽減対策が欠如している。
② 災害後、立ち直りができない（災害後の衰退または一部復興）。
③ 安全で回復力に富むようにするため、脆弱なコミュニティに必要な改善が見られない。
④ ニューオーリンズにある貧困コミュニティの今後の「発展」の予測では、復興にまで至らない（復元が見られない）（筆者一部加筆）。

またデイビスらは、キューバにおける自然災害からの復興力に富む体制をウェブ・モデルとして、次のように検討している。

このモデルは、複数のネイル（またはハブ）と相互につながる糸で構成されている（図表3-10）。このモデルを囲んでいるネイルとは、社会制度、文化、教育、経済、インフラ、政治、環境などの社会の主要要素を表し、糸は相互依存性のパターン（強弱）を表している。したがって、回復力の程度（あるいは反対に回復力の欠如または脆弱性）は、以下によって示されることになる。

▼ネイルの数（要素が多くなれば、より強い回復力が生み出される。）
▼ネイルの強さ（社会で十分に発展した要素は回復力を構築し、効果的な復興を助長する。）
▼相互接続の程度（機能する社会における要素は、相互に関係している。）

図表3−10　キューバの災害リスクマネジメント体勢：ウエブ・モデル

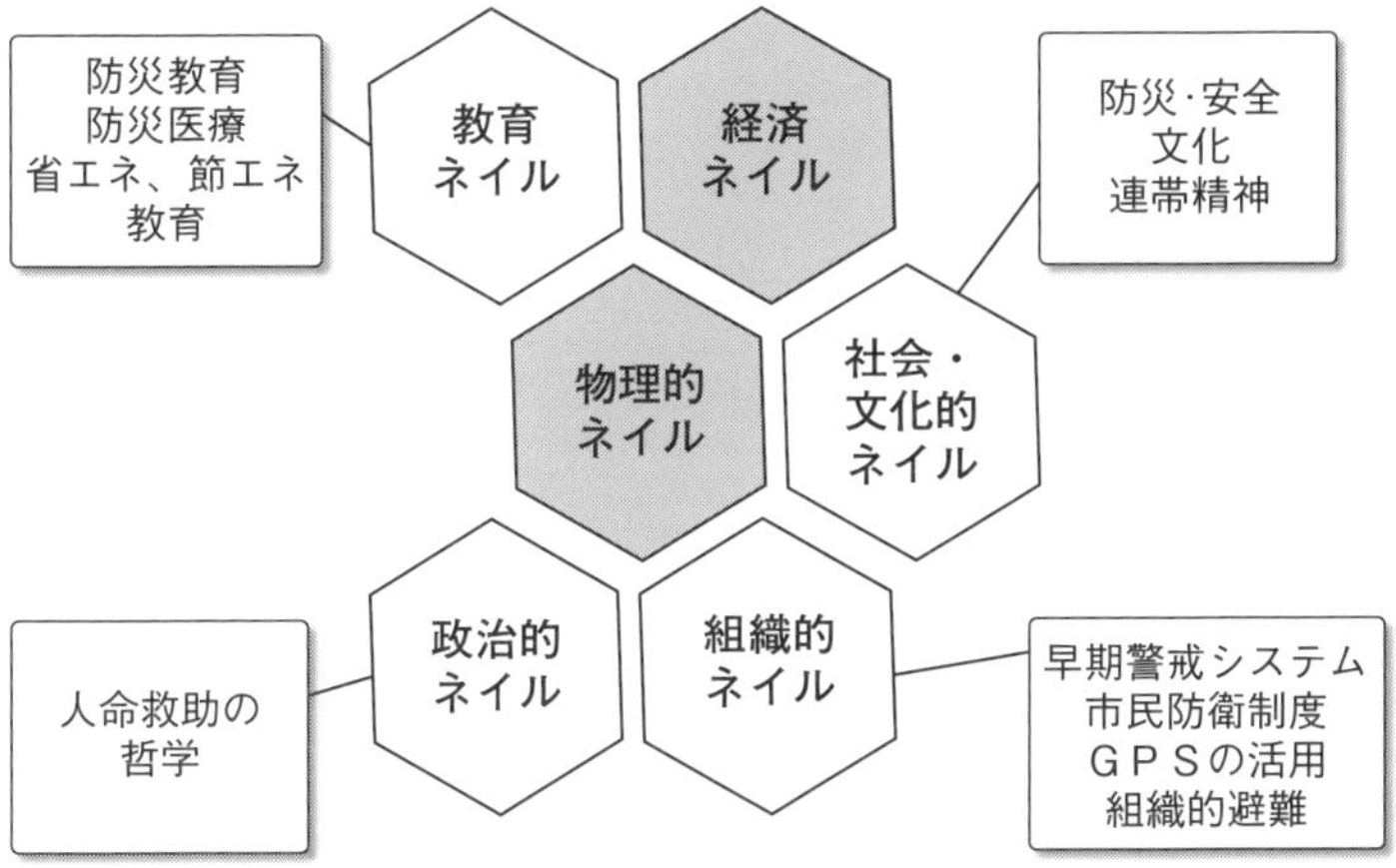

（出典）Davis, et, al.［2007］を参考に筆者が作成。＊灰色のネイルは脆弱性を示す。

▼相互関係の強さ（機能する社会における要素は、運用上の協定で強固な関係が構築され制度化された場合、さらに効果的になる。）

キューバのこのウエブ・モデルをより細かく見ると、次の特徴が分かる。

▼「経済ネイル」の面と「物理的ネイル」（建物、インフラなどハード面）では弱い。（四五年前以上前に課された経済封鎖や二〇一五年までの米国との国交断絶などによる。）

しかし、経済や物理的ネイルの弱さは次に見る四つの強力なネイルにより埋め合わされている。

▼「社会・文化的ネイル」（人民のリス

ク認識の高さと防災・安全文化の確立）
▼「政治的ネイル」（人命救済の哲学、公共政策のコミットメント）
▼「組織的ネイル」（早期警戒システム、市民防衛制度、ＧＰＳの活用、組織的非難など）
▼「教育のネイル」（防災教育、防災医療）

⑥　オーストラリアのレジリエンス教育

一方、オーストラリアでは自然災害リスクのみではなく、他の社会全般のリスク、言い換えればソーシャル・リスク（いじめ、嫌がらせ、暴力などのリスク）からの立ち直り力（レジリエンス）醸成を目的とする国家プロジェクトが二〇〇三年から行われている[37]。その一つが「Bounce Back」（跳ね返る、立ち直る）といわれているプログラムである。その特徴のポイントを、以下に示してみよう。

①　九単元からなる幼稚園から中学までの全学生への全学カリキュラム。九単元の主な教育上のポイントは図表３－11の通りであり、第一単元目に逆境からの「BOUNCE BACK」、すなわちレジリエンスのポイントがある。
②　このコンセプトは、個人や組織にも適応できる。
③　教え方については、常に実証性を重視している。

④　クラスの教員が、子供向きの教材に基づいて教える。
⑤　強い友達同士の関係や感情的つながりが構築できるように、共同的な作業を通じて、社会的情緒技術を教える。
⑥　社会的・情緒的知識や技術は学術的知見と連動しており、多くのプログラムは歴史、社会科、健康、数学、化学、音楽、芸術などと統合されている。
⑦　心理的側面は、認知心理学やポジティブ心理学からの知見を参考にしている。
⑧　プログラムは、家庭内での親との会話においても役立つ。

図表３－11にもあるように、逆境からの「BOUNCE BACK」、すなわちレジリエンスに関しては、第二単元目に一〇の伝えるべき次のポイントが、「BOUNCE BACK」の頭文字で始まる内容で示されている[38]。なお、それぞれのあとに、筆者のコメントを付した（カッコ内）。

①　Bad times don't last. Things get better. Stay optimistic.
悪いことは続かない。物事は好転していく。楽観的でいよう。（この指摘は本書でも検討されるが、幸福感を持つのに必要な心理的要素になる。）
②　Other people can help if you talk to them. Get a reality check.
話せばだれかが助けてくれる。現実を把握しよう。（社会的支援の重要性、現実重視の姿勢

図表3－11　Bounce Backプログラムの9単元

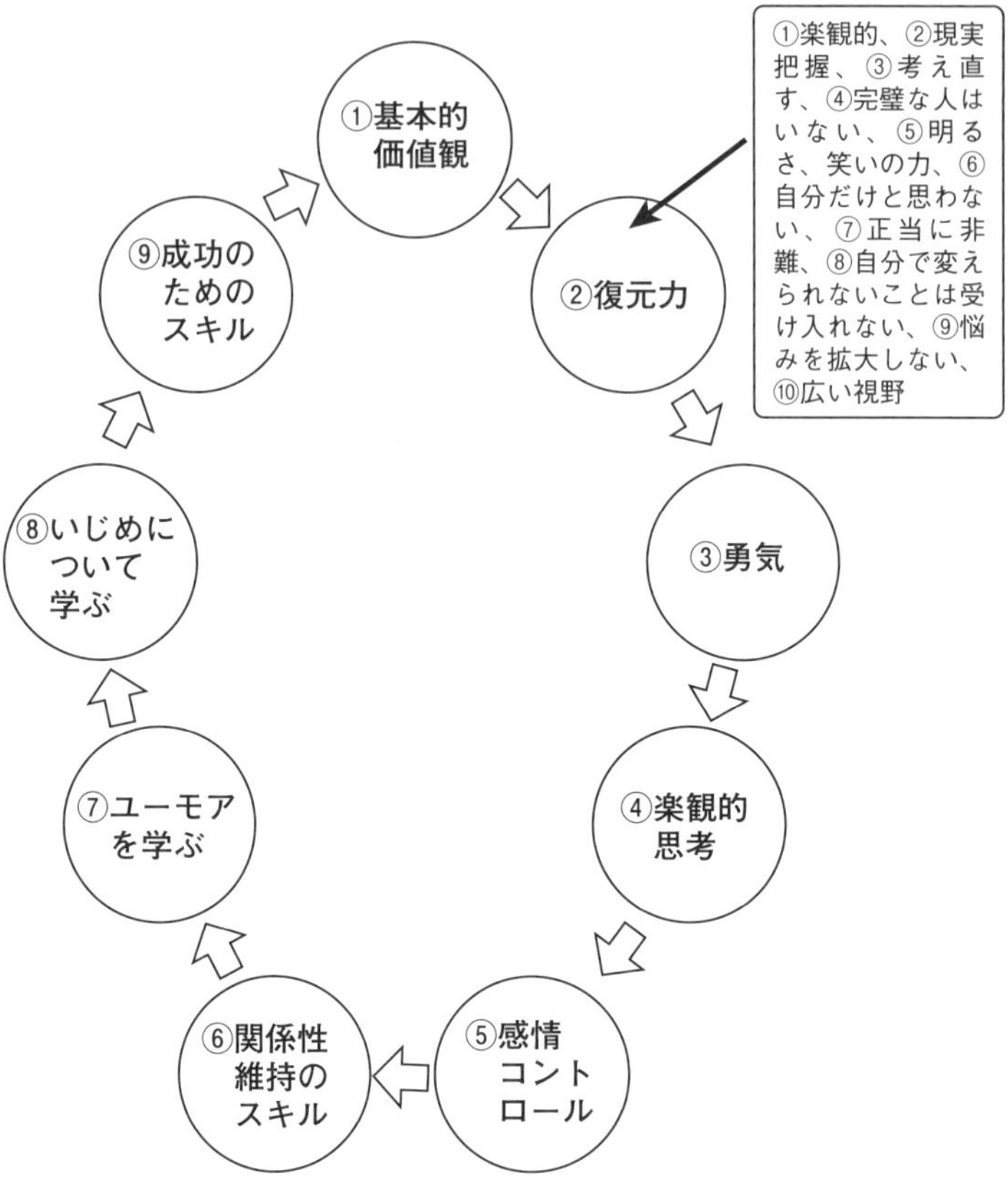

（出典）Bounce Back HPを参照し、筆者作成。

をいっている。）

③ Unhelpful thinking makes you feel more upset. Think again.
役に立たないことを考えても、さらにどうしてよいかわからなくなる。考え直そう。

④ Nobody's perfect. Not you and not others.
完璧な人はいない。貴方もほかのみんなも。

⑤ Concentrate on the positives, no matter how small and use laughter.
どんな些細なことでも、明るいことに目を向けよう。笑いの力を活かそう。（ユーモアのことにも言及している。）

⑥ Everybody experiences sadness, hurt, failure, rejection, and setbacks sometimes, not just you. They are a normal part of life. Try not to personalise them.
誰だって悲しんだり、傷ついたり、失敗したり、はねつけられたり、つまずくことがある。貴方だけではない。生きていれば当たり前のこと。自分だけだと思わないようにしよう。

⑦ Blame fairly. How much of what happened was because of YOU, OTHERS or BAD LUCK.
非難するなら正当に。「あなた」、「他の人」、「不運」のせいで起こったのはどれくらい？

⑧ Accept what you can't change and try and change what you can.
自分で変えられないことは受け入れて、変えられることを変えていこう。（現実主義であり、

リスク直視の姿勢。）

⑨ Catastrophising exaggerates your worries. Don't believe the worst possible picture.

些細なことを大変なことのように扱っていたら、悩みが大きくなってしまう。最悪のシナリオなど信じないこと。（楽観主義と関係している。）

⑩ Keep things in perspective. It's one part of your life.

広い視野を持とう、このことは人生のほんの一部にすぎない。

以上の一〇のメッセージの中には、レジリエンスを構成するキーワードが含まれている。例えば、楽観主義、社会的支援、現実重視、ユーモア、リスク直視、広い視野などがそうである。こうした諸要因は、ビジネスにおけるレジリエンス要因を検討する際にも重要なものとなるが、この検討は次章以降において行う。

注

（1）枝廣［二〇一五］第二章参照。
（2）Rutter［1985］, pp.181-214.
（3）辻［二〇〇八］三頁。
（4）湯浅［二〇一四］一〇-一二頁。

(5) 湯浅［二〇一四］二〇頁。
(6) 野口［二〇一五］九頁。
(7) 『菜根譚』の内容の分析は、主に湯浅［二〇一四］二二一-二三二頁を参考としている。
(8) 中嶋［二〇一二］五七頁。
(9) 中嶋［二〇一二］五七頁。
(10) 中嶋［二〇一二］五七-六一頁。
(11) 中嶋［二〇一二］五七-六一頁。
(12) Maddi and Khoshaba.（山﨑訳［二〇〇五］）九六頁。
(13) 湯浅［二〇一四］三〇-三一頁。
(14) Collins［2009］, pp.19-23.
(15) 野口［二〇一五］一〇四頁。
(16) 本節の検討は主に、諸富［二〇一三］を参考にしている。
(17) 諸富［二〇一三］三四-三七頁。
(18) 諸富［二〇一三］主に第3章参照。
(19) 諸富［二〇一三］七三頁。
(20) 湯浅［二〇一三］三六頁。
(21) Arup & Partners International Limited［2014］, p.8
(22) 藤井ほか［二〇一二］七頁。Paton［2007］.
(23) 上田［二〇一二］七九-九七頁。
(24) 亀井［二〇一二］一〇頁。
(25) 広瀬［二〇〇六］［二〇〇七］［二〇一一］を参考に筆者が要約。

(26) 平野［二〇一二］四一二‐四一三頁。
(27) Seligman（宇野監訳）三六七‐三七〇頁。
(28) Renn［2008］p.98.
(29) Renn［2008］p.93.
(30) 吉川［二〇〇〇］八六‐八八頁。Slovic［1986］, 403-415.
(31) 以下の事例は二〇一一年一〇月三日のＮＨＫ放送番組「巨大津波、そのとき人はどう動いたか」を主に参考にしている。
(32) 上田［二〇一二］八七‐八八頁。
(33) 山村［二〇一一］三〇‐三二頁。
(34) Renn［2008］p.93, p.98. Slovic［1986］, 吉川［二〇〇〇］などを参照。
(35) キューバの防災に関する検討は、主に中村・吉田［二〇一一］を参考にしている。
(36) Davis, et. al［2006］pp.4-5.
(37) 枝廣［二〇一五］第３章。
(38) 枝廣［二〇一五］七五‐七七頁。

第4章　ビジネス・レジリエンス思考と企業経営の本質
――社員の幸福感と企業成長の関係――

1　企業とは何か

企業レベルでのレジリエンスを検討する際、第一に経営者が考えなければならないのは、何のために会社があり、何のために会社は社会に貢献できるのかである。つまり経営者の企業観、経営観が非常に重要になる。様々な危機に瀕して、それを乗り越える力は、原点に返って、企業トップや社員が、「会社とは何か、会社の目標や理念は何かを相互に理解し、それを共有するところから、また特に企業トップは「どうすれば社員は幸せに働くことができるのか」を常日頃、思考しておくところから生まれるからである。

しかし、企業レベルにおいて様々なリスクや危機から復元するには、経営者の企業観、経営観そして企業トップや社員の「会社とは何か、会社の目標や理念は何か」の相互理解や共有だけでは実現できない。本章で検討する事例からも分かるように、その他の多様な企業の力（技術力、販売力、従業員の心、人間関係などの総合力他）も重要である。しかし、それらの各諸要因の力を発現させる源になるのが企業観、経営観である。

そこで、ここではドラッカー（P. F. Drucker）の「会社とは」に関する見解を検討すること
から、企業の復元力の源泉、施策他を検討してみよう。

ドラッカーは、「会社とは、本業を通じ人々を幸せにする組織体」であり、その存在の正
当性は左記の四つの原則が守られる場合であるという趣旨のことを述べている(1)。

このドラッカーの企業観、経営観に関する見解を筆者流に考え直すと、次のようになる。

本業とは企業が生み出す商品・サービスの提供をいい、人々とはその企業の商品・サービ
スの提供に関わる利害関係者のすべての人、例えば本業に携わる社員、流通関係者、購買者、
地域住民、株主などをいう。これらの人々で構成されているのが社会であるから、人々とは
言い換えれば社会を意味する。そこでドラッカーの「会社」（企業）の定義は、次のように
表現し直すことができる。

「企業とは、本業（商品・サービスの提供）を通じ、関係する人々を（社会を）幸せにす
る組織体である」。ここでの重要なコンセプトは、本業を通じ社会を幸せにするということ
である。

近年では、企業は本業以外の多様な領域に手を出し、企業成果や企業評判を上げようとす
ることが、前にもまして増加している。本業と関係性の薄いＣＳＲ（企業の社会的責任）活

動もその一環である。

しかし、そうしたことで、本業に関わる業務、例えば商品の品質、流通、適正な価格などへの企業努力がおろそかになっているのでは本末転倒である。商品の品質、流通、適正な価格などへの企業努力がおろそかになると、そのことが品質の低下、流通コストの増加、価格の引き上げなどにつながるとともに、さらに競争上のプレッシャーなどが企業に働くと、品質管理の手抜き、偽装表示、価格の談合などの諸問題あるいは不正が生じる可能性を高める。「本業に真剣に取り組むことが重要」というドラッカーの指摘は、筆者には、こうした倫理リスクを生じさせないためにも、そして社会構成員皆が幸せになるためにも重要だといっているように聞こえてならない。

さらにドラッカーは、こうした会社の正当性を維持するために、次の四つの原則を主張している。

第一は「会社の影響は大きい、したがって悪影響は最小限に抑えなければならない」ということである。会社が作り出す商品やサービスを極めて多くの人が使用し、またそうした会社に多くの人が投資をする。その会社が間違った企業行動、あるいは不正、不正とは言えないかもしれないが不誠実な企業行動を起こすと何十万人、何百万人の人々が不幸せになる。

第二は「悪影響を予測し、その予防措置をとることが重要であり、無策でいれば大きな打撃と規制を受ける」という点である。悪影響を予測し、その予防措置をとることとは、企業のリスクマネジメントの最も重要な部分であるが、好ましくないリスクを予測・評価し、好ましくないリスクの制御、最小化をしなければならないという、まさしくリスクマネジメントのコアの部分のことを述べている。

第三の原則は「悪影響の防止策を含め、社会のニーズを成長機会と捉えることが重要」というものである。筆者はドラッカーのこうした見解を、「企業は社会を幸せにする組織体なのだから、社会で問題となっている課題を発見・評価し、それを解決する商品やサービスを作り出すことに存在意義がある」という様に解釈している。実はこうした面でのリスクマネジメントは、「社会での様々な問題を解決することを目的としているソーシャル・リスクマネジメント」の考え方と軌を一にしている。

第四の原則は会社のトップつまり、「リーダーは事業に責任を持つとともに、社会の人々の生活の質にも責任を負う」という点である。「責任」という言葉が繰り返されている。企業の倫理リスクの発生状況を見ていると、概ね企業トップがかかわるケースが多いが、ドラッカーは企業トップに事業への責任とともに、広く利害関係者ひいては社会にも責任を持つことをいっている。

以上がドラッカーの会社の正当性あるいは存在意義に関する主張であり、こうした原則が企業において守られるべき指針、理念、ビジョンとして共有されていれば、危機を乗り越える条件の骨格が準備できる。

ここで、特にドラッカーの指摘する「企業とは、本業（商品・サービスの提供）を通じ、関係する人々を（社会を）幸せにする組織体である」に注目し、社員の幸せの実現をビジョンにし、業績を出している会社の事例を検討してみよう。二社は国内の会社であり、一社は米国の会社である。

2　社員の幸せの実現と業績とのバランス化の事例

(1)　京セラの経営哲学

一九三二年生まれの稲盛和夫は、一九五九年には京都セラミック（現、京セラ）を設立、電子・産業用総合部品メーカとして成功させ、さらにはその後、通信事業ＫＤＤＩも創業、近年ではＪＡＬの再建も成功させた。

京セラのホームページでは、社是・経営理念を明確にし、さらに経営哲学、そして独自の経営管理法であるアメーバ経営を次のように示している。

〈社是・経営理念〉
全従業員の物心両面の幸福を追求すると同時に、人類、社会の進歩発展に貢献すること

〈経営哲学〉
世間一般の道徳に反しないように、道理に照らして、常に「人間として正しいことは何なのか」ということを基準に判断を行ってまいりました。人間として何が正しいかという判断基準は、人間が本来持つ良心にもとづいた、最も基本的な倫理観や道徳観です。「欲張るな」「騙してはいけない」「嘘を言うな」「正直であれ」など、誰もが子どもの頃に両親や先生から教えられ、よく知っている、人間として当然守るべき、単純でプリミティブな教えです。日常の判断や行動においては、こうした教えにもとづき、自分にとって都合がよいかどうかではなく、「人間にとって普遍的に正しいことは何か」ということから、さまざまな判断をしてまいります。

ここで、京セラの社是・経営理念である「全従業員の物心両面の幸福を追求すると同時に、人類、社会の進歩発展に貢献すること」が生まれた背景について、稲盛の体験を基に検討してみよう。(2)

稲盛は一九五五年に鹿児島大学工学部を卒業し、京都のガラス会社である松風工業に入社した。しかし同社は倒産寸前の状況であり、何人かは去っていったが、稲盛は心の持ち方を変え、三年間特殊磁気の研究に没頭した。一九五八年、稲森が特殊課の主任の時にセラミック真空管の開発に悪戦苦闘していると、外部から来た新任の部長から「君の能力では無理だな。ほかの者にやらせるから手を引け」と言われ同社をやめることになる。

一九五九年、松風工業をやめた同士八人は新会社を設立すべく、苦労して集めた三〇〇万円の資本金を基に、京都セラミック㈱をスタートさせた。松下がテレビ用の磁気製品を発注してくれたこともあったが、限られた機械と人員、不慣れな社員が多く、苦労の連続であった。一年間、わき目もふらず努力し、徹夜に近い日が続いた。その結果、黒字決算となり、二年目も売上、利益とも倍増の勢いであった。

三年目の一九六一年、高卒社員一一人が「定期昇給ボーナスなどの将来の保証を約束してほしい、認められないならば会社を全員やめる」という要求書をリーダー格の稲盛氏に突き出した。自宅での三日におよぶ交渉の末、若い社員たちは納得することになる。

この時の体験により、稲盛は「創業の狙いは自分の技術を世に問うことであったが、若い社員はこんなささやかな会社に一生を託そうとしている。田舎の親兄弟の面倒もろくにみられないのに、採用した社員の面倒は一生みなくてはいけない。技術者としてのロマンを追うためだけに経営を進めれば、たとえ成功しても従業員を犠牲にして花を咲かせることになる。会社経営の最もベーシックな目的は、将来にわたって従業員やその家族の生活を守り、みんなの幸せを目指していくことでなければならない」と考えるようになった。

自分の理想実現を目指した会社から、全従業員の幸せを目指す会社、さらには社会の一員として果たすべき崇高な使命を追い求める会社へと生まれ変わり、現在の経営理念である「全従業員の物心両面の幸福を追求すると同時に、人類、社会の進歩発展に貢献すること」が確立された。

（2） 京セラのアメーバ経営

アメーバ経営について、同社のホームページでは次のような記述がある。

「京セラグループの企業哲学を実現していくために創り出された手法で、会社の組織をアメーバと呼ばれる小集団に分け、その集団を独立採算で運営する経営システムです。『アメーバ経営』のもたらす従業員の経営参加意識の高揚、モチベーションの向上が、京セラグループの強さの源泉となっています。また、『アメーバ経営』における小集団は、効率性が徹底的にチェックされるシステムであると同時に、責任が明確であり、細部にわたる透明性が確保されています。」

このアメーバ経営は簡単に言えば、売上高は最大にし、経費は最小にして、最大利益を出し、その利益を短い労働時間で割ると、一時間当たり最大の付加価値が出るという方程式で行う経営管理システムである。これを部門ごとに管理するので、どの部門が稼いでいるか、どの部門の効率が悪いかが見えてくる。

アメーバ経営の目的は、市場に直結した部門別採算性の確立、経営者意識を持つ人材の育成、全員参加経営の実現の三点であるが[3]、アメーバ同士、部門間での利害が対立し（自部門の利益を上げようとするあまり、他部門の立場や採算を悪くする弊害が起きがちである。言い換えれば部分最適行動が会社全体としての全体最適をこわし、会社全体のモラルと利益を損なわせるのである[4]。

こうしたアメーバ経営の持つ弊害をさけるために、稲盛は経営哲学を備える必要があるという。個の利益と全体の利益を調和させようとする、より高次元の経営哲学が求められ、それが「人間として何が正しいのか」ということを判断基準とした経営哲学である。また経営理念としての「信じあえる仲間の幸福のために貢献できてこそ、自分たちの部門の存在価値があるのだ」という考え方が根付いており、こうした経営哲学をベースに部門間の利害対立を正しく解決することによって、個と全体の利益を同時に追求しようとするのがアメーバ経営である。

(3) 京セラの報酬制度

京セラは部門別の独立採算性により時間当たりの付加価値をオープンにしているが、その成果を直接、報酬に反映させていない。仕事の実績は評価され、長期的には処遇に反映されていくが、時間当たりが良ければ、昇給・賞与の金額が増えるということはない。[5]

その代り、アメーバが素晴らしい実績をあげれば、会社に大きく貢献してくれたという理由で、信じあう仲間たちから賞賛と感謝という精神的な栄誉が与えられる。[6] この報酬に対する考え方は、先にみた「信じあえる仲間の幸福のために貢献できてこそ、自分たちの部門の存在価値があるのだ」という経営哲学からきている。会社への貢献をみんなから賞賛されることが最高の栄誉であるという考えが実践されている。そして、会社の業績が大きく伸びた時には、みんなの努力に対して公平に報いるように全従業員に臨時ボーナスを出している。

また稲盛は給与制度に関して、合理的な給与制度はいずれ行き詰る、報酬だけで人を動かそうとするのではなく、栄誉と称賛で従業員をモチベートする方法を取り入れるべきであるということもいっている。

報酬の在り方は、企業活動の成果をどういう考え方で社員に還元・配分するかという問題であるが、稲盛は、それを全員経営、従業員のモチベーションの視点から考えている。この点に関して、稲盛は次のようにいっている。

「強い会社は、技術だけでなく、総合力で優れている。技術力も優れ、販売力も優れ、従業員の心も優れ、人間関係も優れ、あらゆるものが優れていて初めて強い会社になる。一つの技術で伸びる会社は、いずれその技術とともに消えていきますから、技術だけに偏重した考え方ではダメだ[7]。」

この考え方を、筆者は「強い会社は全員経営により可能であり、そのモチベーションを報酬だけで動かそうとするのではなく、参加者全員の幸福から考えるべきだ」と捉えている。

(4) 一対一対応の原則、ダブル・チエックの原則[8]による倫理リスクのマネジメント

不正の発生に関するクレッシーのトライアングル理論については、既に一八頁で述べたが、彼は、横領の発生要因は脆弱な内部統制や不十分な監視システムが根本的な原因ではなく、当事者が雇用主の信頼に意図的に背くことにより不正行為が発生すると分析している[9]（第2章の図表2－6参照）。

京セラの一対一対応の原則とは、モノやお金の動きを一対一対応で把握し、ガラス張りで管理することをいう[10]。この原則は、時間当たり採算という経営数字を正しく捉えるために必要な原則であり、かつ不正や間違いを未然に防ぐ施策である。

ダブル・チエックの原則とは、稲盛哲学の根底にある「人の心をベースにして経営する」

からきている。つまり、過度のプレッシャーから、例えば数字を操作するなどの人間の持つ弱さから過ちを犯すことがあり、稲盛はこうしたことから従業員を守るために、常に複数の人間が数字をダブル・チェックして不正や誤りを防ぐ管理システムを考えている。

具体的には、資材品の受取、製品の入出荷、売掛金の回収、支払伝票の発行、金庫の管理、会社員の取り扱いなどの業務プロセスにおける複数の人間や部署によるチェックである。

稲盛は、こうした原則は、従業員を懲らしめるためではなく、過度のプレッシャー下における人の心の弱さを理解したうえで、従業員を守るために導入している。まさに企業ビジョンである物心両面での幸福の追求の阻害要因となる倫理リスクのマネジメントも兼ね備えた施策である。

(5) 社員の幸せの追究とアメーバ経営で再生したＪＡＬ[11]

ＪＡＬはこれまでの放漫経営により、二〇〇九年に一、三三七億円の営業利益での赤字を出し、二〇一〇年一月破綻する。

このＪＡＬ再生に中心的役割を果たしたのが、京セラの稲盛和夫であり、京セラの企業理念である「社員の物心両面の幸福の追究」、「社会の進歩発展に貢献」を、新ＪＡＬのフィロソフィとするとともに、京セラのアメーバ経営を航空業界に適応し大成功を収めている。企業哲学だけで企業再生がなし得られたわけではないが、再生の大きな精神的バックボーンとなったのはまちがいがない。

ＪＡＬは経営破綻後の更生計画に基づき、支援機構からの支援（三、五〇〇億円）、銀行の債権放棄（五、二一五億円）、給与カット（平均三割）、企業年金カット（現役五割、ＯＢ三割カット）、人員削減（一六、〇〇〇人）、不採算路線の廃止（六一路線）、航空機削減（六四機）などの再生計画が実施されていく。

破綻前のＪＡＬの常識は、「ナショナル・フラッグ・キャリアはつぶれない」、「メンテナンス部品はすべて新品」、「コストが本当に必要なのか疑わない」、「事業計画は経営企画本部が作り、実績とのずれに責任をどこももたない」、「六つの部門は交流がなく、まるで別会社であり、事業全体を俯瞰する視点がない」、「顧客のことよりもマニュアル主義」、「経営幹部と現場との間の大きな距離感」、というようなものであった。

結果として、ＪＡＬでは次のような課題をもっていた。

①価値観の共有がない、②現場の経営参画意識が乏しい、③経営と現場の距離感がある、④顧客視点がない、⑤現場のリーダーシップがない、⑥横のリーダーシップがない。

稲盛は二〇一〇年にＪＡＬ会長に就任し、以下のような対応をしていく。

①二〇一一年ＪＡＬ企業理念の導入（全社員の物心両面の幸福を追求し、お客様に最高の

サービスを提供する。企業価値を高め、社会の進歩発展に貢献する。）
②ＪＡＬフィロソフィ完成（四〇項目あり、結果的に九〇％は京セラのものに近い）。
二〇一一年四月には、ＪＡＬ式アメーバ経営を本格導入する。部門別採算による意識改革、稲盛氏の率先垂範とフィロソフィ教育、マニュアル主義の是正、顧客視点の実施などにより、破綻から一年四カ月後、更生計画を約一、二〇〇億円上回る過去最高益を出した。

ＪＡＬ復元のカギは、下記の五つといわれているが、のちに本書で検討する復元力の構成要素がそれに含まれている。

① 衆目にさらされての再生が進められた。（破綻の事実を全員が受け止め、悪い面を見つめなおす契機、後に検討するが、レジリエンスに必要なリスク直視要因である。）
② 稲盛の強いリーダーシップで社内教育が進められた。（稲盛氏のリーダー教育による、経営幹部と現場との共感）
③ ＪＡＬフィロソフィによる価値観が社内で共有された。
④ アメーバ経営による部門別採算制度により、社員も自部門の収支を知り、アクションを起こした。
⑤ ＪＡＬフィロソフィとＪＡＬ式アメーバ経営により、新しい価値観を学ぶ機会が得られ、それが自主的な行動に結びついた。[12]（このことは復元力の要因である企業理念やビ

ジョンの力、また新たな価値観により柔軟な対応力がついたことを示している。）

3　スピリチュアルな価値観に基づくサウスウエスト航空の経営

（1）企業理念・企業ポリシー

サウスウエスト航空（Southwest Airline、以下SWA）は一九七一年に運行を開始し、ダラス市を本拠地として二〇一〇年時点で約三四、〇〇〇人の従業員がいる。保有機数五四八機はすべてボーイング七三七型であり、同一機種を三〇〇機保有している会社は世界でここだけである。このことがコスト削減に大いに貢献している。

二〇一〇年時点での同社の売上は一二一億四〇〇〇万USドル、レイオフの数が極めて少ない会社であり（離職率は七％以下で、米国航空業界で最も低い部類に入る）、輸送実績も米国最大手のユナイティド・コンチネンタルの二倍以上ある。二〇一一年の純利益も大手五社で唯一、一億ドルを超えている。二〇一二年にはスイスの航空格付会社から「世界で最も安全な航空会社」の一〇社のうちの一社にも選ばれている。[13]

SWAの企業理念・企業ポリシーは「従業員の満足第一主義、顧客第二主義」である。この理念の背景には、「従業員を満足させることで、従業員が顧客に最高の満足を提供することができる」、「従業員が大切にされていると感じた時、信頼が生まれ、同僚や会社を信頼し、それが発展の原動力」であるという経営哲学による。(14)

ＳＷＡは社員の採用にあたり、ユーモアセンスを重視しているが、それはきつい仕事や競争によるストレスが乗客や同僚に向けられることにより、上にみた同社の企業理念や文化が脅かされることを恐れているからである。物事にこだわらないユーモアセンスのある資質は、入社してからでは教えられない。適材を雇うことが重要という考えである。言い換えればストレスマネジメントの一環として、こうした人材採用方針がとられている。人材戦略は個人の能力よりも、チーム全体での成果に焦点を合わせている。業務と私生活のバランスを維持したうえで、従業員の家族的なつながりを重視している。

ユーモアがストレス緩和に貢献するという点については、心理学の分野でも実証的研究が行われている。例えば、椎野睦は大学生を対象にユーモアが精神的健康状態にどのように影響を及ぼすかを中心にユーモアの効果を検証し、次のような結果を得ている。「親和的ユーモアは周囲との人間関係において親密な人間関係の構築・維持となり、そのサポーティブな人間関係を通じてネガティブな事象も受容することができ、結果として精神的な健康（この実験では抑うつの軽減に有意であることが示唆された）という旨の結論を得ている。(15)いずれにしても心理学分野でも、ユーモアがストレス・マネジメントに効果があることはいわれており、SWAは多分にこうした分野での知見をも考慮しつつ、採用人事に役立てているのではないかと思われる。

SWAはこうしたストレス・マネジメント、同社のビジョン、採用方針、そして機材統一（訓練統一化、整備マニュアル統一、補修部品在庫の軽減）、座席クラスの統一（サービスの単純化、チェックイン簡素化、座席の事前予約なし、カードの番号順に機内に入る）、定時発着の励行（全社員の協力、信頼がベースにある）、折り返し作業時間の短縮（全米平均四五分、SWAは一五～二〇分）により、企業価値を向上させている。

SWAの経営には、社員の会社への信頼、社員のストレス・マネジメント、ワークライフ・バランスなどの現代企業にとり極めて重要な事項、しかもそれが企業の復元力の源になる事項なのであるが、それが盛り込まれている。より重要な視点はこうしたことが行え、かつ社員と顧客からの支持を得ている同社の企業文化および経営文化にある。SWA社の企業文化は一言でいうと、スピリチュアル（spiritual）な価値に基づく経営であり、スピリチュアルな企業文化の創造であると指摘する研究者もいる。この概念はレジリエンスの概念と同調するところが大きいので、ここでSWAについてスピリチュアルの視点から検討を加えてみよう。

SWAのスピリチュアルな価値に基づく経営文化の、より詳細な検討に入る前にスピリチュアルという概念について簡単に触れておこう。

スピリチュアルという言葉の定義は多様であるが、ここでは基本的な定義とともに、主に職場あるいは経営におけるスピリチュアルの言葉の理解という点から検討する。

(2) 組織におけるスピリチュアルの意義

リーダース英和辞典では、スピリチュアルの日本語訳として次の言葉が示されている。「精神上の、精神的な、心の、超自然的な、超俗的な、霊的な、魂の、知的な」、「物質的、肉体的なものに対し、人の精神的なものに影響を与えるもの」。

狩俣正雄はスピリチュアルを「自己利益と他者利益の統合化であり、自己利益に執着せず、自己と他者の区別がなくなり、自己即他者あるいは個即全体の意識の状態」と定義する。[16]さらに狩俣は「スピリチュアリティは人のスピリットの性質に関係しており、愛、思いやり、忍耐、寛容、寛大さ、コミットメント、個人的責任、周りとの調和のような積極的な心理学的概念を含み、人間性、博愛、真実性を通じて他者へ奉仕するビジョンを追求することである」という。[17]

職場においてスピリチュアルの問題は重要であるが、この点に関して、狩俣は「人は仕事や職場での働き甲斐や生き甲斐を求めてきており、そのことが職場におけるスピリチュアリティの問題として注目されてきている。《一部省略（筆者加筆）》参加者の動機の満足が重要であり、ワークライフ・バランス等に重要な視点を与える。この問題は基本的にはロゴス（仕事の意味や企業存在の意義に関わる基本的原理のこと）やスピリチュアリティの問題であり、働く人々のロゴスやスピリチュアリティを認めることが従業員の仕事への意欲を高め、企業業績の向上に結び付く。そこでスピリチュアリティ企業が求められている」と述べている[18]。

さらに、中牧弘允・日置弘一郎は「職場のスピリチュアリティとは、《一部省略（筆者加筆）》仕事の意味や価値、目的意識を問い直す運動であり、職場における個人の精神的成長や潜在能力の開発を通じて組織としての持続的な成長や成功につながるという信念と実践である」と述べている[19]。

このように、スピリチュアリティはやや抽象的概念ではあるが、人の働きがい、他者への奉仕、仕事への意欲、仕事の意味や価値、仕事の目的などを問い直すことにつながり、社員の精神的成長や潜在能力の開発を通じて組織としての持続的な成長や成功につながる重要なものということができる。

ミルマン（J. Milliman）らはＳＷＡにおけるスピリチュアルな価値に基づく経営モデルを、図表4－1のように示している[20]。

図表4－1　SWAのスピリチュアルな価値に基づく経営モデル

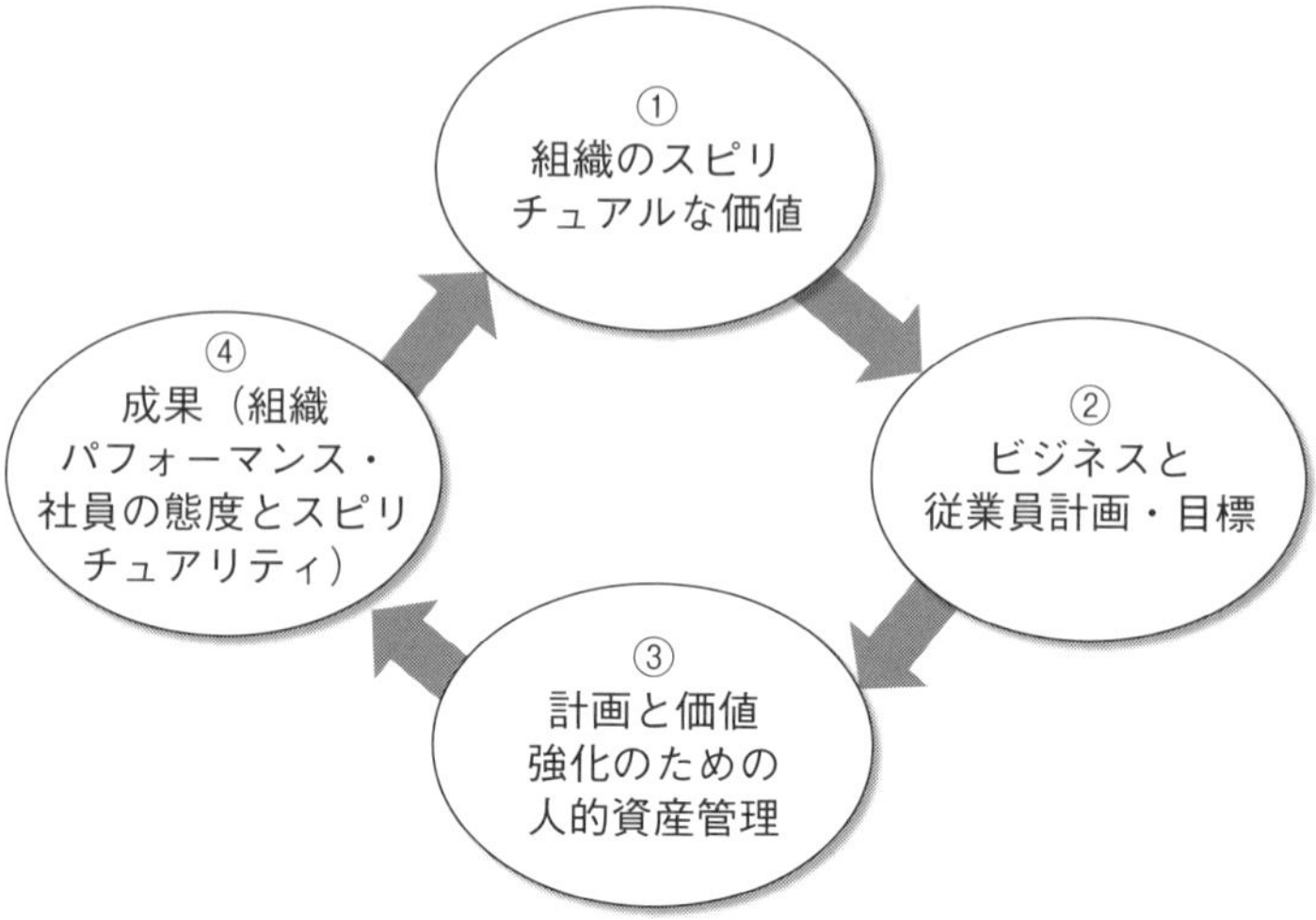

（出典）Millimane, et. al.［1999］. 中牧・日置［2009］79頁。

（3）組織のスピリチュアルな価値

SWAのスピリチュアルな価値に基づく経営モデルは，第一に「組織のスピリチュアルな価値」である経営ビジョンすなわち「従業員の満足第一主義，顧客第二主義」にある。社員だけではなく社員の家族への気遣いがなされ，そうしたことが家族を含む社員の幸福感に結びつき，その態度が顧客にも伝わると同時に業務内容にもいい影響を与えるといえる。

職場におけるスピリチュアルの概念において重要なのは，前述したように「仕事の意味や価値，目的意識を問い直す運動であり，職場における個人の精神的成長や潜在能力の開発を通じて組織としての持続的な成長や成功につながる」という点である。SWAは、このスピリチュアルな価値を企業ビジョンと以下に述べるミッションおよびそれをベースにした諸政策や施策で具現化している。

SWAのミッションは、「温かい気持ち、フレンドリー、個人の誇りそして企業スピリットによりもたらされる質の高い顧客サービスへの献身」である。

社員がSWAに対して誇りを持てるということは、「働く人々の仕事の意味や企業存在の意義に関わる基本的原理」のこと、すなわちスピリチュアリティそのものである。この誇り、プライドは、厳しい規制や激しい競争環境の中で、安くて楽しみな旅行を、需要が増大しても価格を上げないで、飛行機経験のない人に飛ぶ機会を与えていること（空を民主化すること、つまり空の旅行を誰にでも利用できるようにすること）[21]という会社の目的からきており、そのことで、従業員は自分が大きな価値の一部であると感じることができる。

なお、SWAのこのミッションを基にした、具体的施策は次のようなものがあげられる。

▼従業員に自由と責任を付与している（エンパワーメントが促進されている。社員の自主性を重んじ、モチベーションを上げる工夫の一環である）。

▼顧客のニーズに応え、他の従業員を支援するのであれば、会社の方針に抵触した場合でも、それを実行することが奨励されている（利害関係者の優先順位とマニュアル人間に

ならない柔軟な思考がある。このことを示す典型的な出来事が、次のものである）。

「顧客が遠方の娘に有名なケーキを送ろうと宅配業者に依頼するが、どこも引き受けてくれない。SWAに掛け合ったところ、SWAの貨物係が現場の判断で快諾し、無事に届ける。その話が上司とCEOの耳に入った。その社員をクビにするどころか『いいことをした。さすがだ！』と褒めたたえた。即興の判断がマニュアルや規則でなく、『何がよいことなのか』という組織の共通善モノサシで臨機応変に行動できているということである。[22]」

▼社員が誤った判断をしても、次回の改善のためにフィードバックがある。むしろ個人の成長のために失敗が許されている。そして従業員や職員の経営改善の提案が、積極的に導入されている（個人の成長を後押しする考え方がある）。

▼仕事の知的・技術的側面だけではなく、情緒やユーモアの面も強調されている（ストレス・マネジメントにつながるし、健康でリラックスしている社員は、より生産的になれるという哲学がある）。

▼強力な勤労倫理があり、一生懸命働き、柔軟性がある。企業トップやパイロットも荷物運びを手伝うことがある。

(4) ビジネスと従業員計画・目標

ＳＷＡの「低料金で、時刻通りで、また楽しいフライト」を約束する企業哲学は前述した経営全般の施策と連動している。すなわち、機材統一（訓練統一化、整備マニュアル統一、補修部品在庫の軽減）、座席クラスの統一（サービスの単純化、チェックイン簡素化、座席の事前予約なし、カードの番号順に機内に入る）、定時発着の励行（全社員の協力、信頼がベースにある）、折り返し作業時間の短縮（全米平均四五分、ＳＷＡは一五〜二〇分）といったハードな面と、従業員が顧客との対面の中で常に楽しみやユーモアを各自の工夫で提供するソフトな面がある。

(5) 計画と価値強化のための人的資産管理

①の「企業理念・企業ポリシー」で前述した人材採用方針・採用プロセスについて、やや詳細に検討してみよう。採用においては、従業員及びパイロットともに、ユーモアのセンス、他人との協調性、親しみやすさが重視され、グループ面接では、こうした側面が重視され、職場の同僚となる従業員や頻繁に利用する旅客が行う。

最近、筆者は外資系大手航空会社の元キャビン・アテンダント（ＣＡ）の人と話す機会があった。「仕事の面で、何が最もつらかったですか？」という質問をしたところ（筆者は、時差による肉体的疲労などの回答を予測していたが)、第一につらかったのは、「スマイル(作り笑い)」、第二が「同僚との人間関係、チームワークの難しさ」という回答であった。航空会社においては、パイロットだけではなく、様々な役割をもった地上勤務員、機内での各CA間での役割分担、そして全体的なチームワークが重要であり、これらがスムーズにいかなければ、コミュニケーション・ギャップを生み、トラブルや事故を誘発することにもなりかねない。SWAが採用時から、チームワークを重視しているのもうなずける。

新入社員採用後は先輩社員が教師となり新人に張り付く。社員は自主的に考えるように促される。チームワークと同社の企業文化を教えるためのユーモアのあるビデオや寸劇もある。すでに指摘したように、物事にこだわらないユーモアセンスのある資質は入社してからでは教えられない。適材を雇うことが重要という考えである。言い換えればストレス・マネジメントの一環として、こうした人材採用方針がとられている。

業務と私生活のバランスを維持したうえで、従業員の家族的な「つながり」も重視している。社員が精神的危機にある場合のために、危機基金が設けられ互助的精神を示している。(23)同社の報酬関係では、金銭的なものとして、利益の分配、ボーナス、退職積立金、ストック・オプションなどがあり、非金銭的報酬として、商品、旅行、個人の業績をたたえる式典(これは京セラにおいても行われている)などがある。

(6) 成果(組織パフォーマンス)

ＳＷＡの企業としてのパフォーマンスとしては、次の諸点をみると理解できる。①米国ＬＣＣにおける二〇〇〇年から二〇一〇年における営業損益面で、ＳＷＡは常に一位(図表4-2)、②離職率の低さ(七%以下で米国航空業界では低い方)、そして次にみる③「世界で最も尊敬される会社」に関する調査での評価の高さ(七位)。

米ビジネス誌「フォーチュン」に公表された『世界で最も賞賛される企業』(World's Most Admired Companies)に関する調査結果で七位である(二〇一五年)。この調査は、対象企業に選出された企業の経営幹部や証券アナリストに、同業他社および業界を越えた賞賛企業に対して評価、推薦を依頼する形で行われ、評価項目は以下の九つである。今回の調査では、世界の有力企業の中から六一五社を選出し、約一万五千人にアンケートが実施された。

① 有能な人材を惹き付け、維持する能力
② マネジメントの質
③ 社会と環境に対する社会的責任
④ 革新性の有無
⑤ 製品あるいはサービスの質
⑥ 経営資源の有効活用

図表4－2　LCC・航空企業別（営業損益）

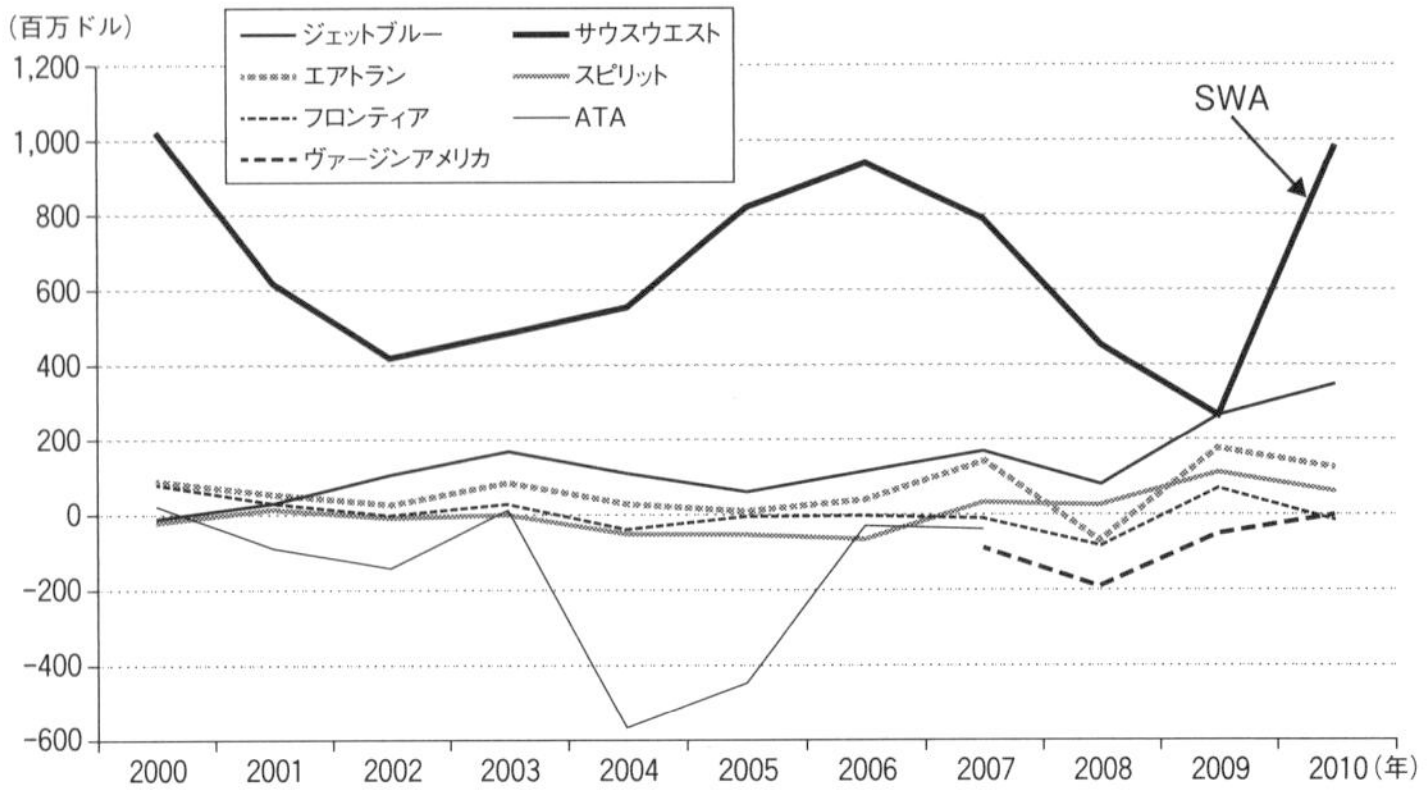

（出典）航空連合政策セミナー第２部「LCCの正体」2012年２月18日、資料９頁より。

⑦　財務状態の健全さ
⑧　長期的な投資価値
⑨　国際的に事業を行う上での有効性

　ＳＷＡのスピリチュアルな価値に基づく経営モデルの概要を見てきたことから分かるように、モデル第四段階における同社の経営パフォーマンスは創業以来、成長し続けている。ＳＷＡの創業者、その後の経営者に引き継がれていった組織の精神が、ＳＷＡのスピリチュアルな企業文化（仕事の意味や価値、目的意識を問い直し、職場における個人の精神的成長や潜在能力の開発を通じて組織としての持続的な成長や成功につながる考えに基づく文化」）を生み、それに連動した戦略が社員の仕事の幸福感を生み、それが顧客、コミュニティそして株主に伝播し、結果として同社全体の経営パフォーマンス

図表4－3　SWAのスピリチュアルな価値の連鎖と経営パフォーマンス

を向上させている（図表4－3参照）。

ところで、ＳＷＡのミッションのコアとなる「社員の満足の最優先」の中で具体的に行われてきた戦略・施策や考え方のうち、スピリチュアル概念との関連で特に重要なものを本文でもアンダーラインを引いたが、それが下記のものである。

①　個人の誇り

②　従業員に自由と責任を付与している（エンパワーメントが促進されている）。

③　常に楽しみやユーモアを各自の工夫で提供する。

④　社員が誤った判断をしても、次回の改善のためにフィードバックがある。

⑤　個人の成長のために失敗が許されている。

⑥　個人の業績をたたえる式典がある。

上記の六つの施策などから生まれるＳＷＡ社員の仕事の幸福感の条件は、実は筆者が以前から重視している職場などにおける「フロー」概念を生むための条件と、その幾つかが見事に重なっている。「フロー」理論を含むレジリエンスを生むための諸理論とビジネスへの適応については、第五章で検討する。

注

(1)『日本経済新聞』二〇〇七年七月一七日。
(2)稲盛［二〇〇四］参照。
(3)稲盛［二〇〇六］三一頁。
(4)稲盛［二〇〇六］七四‐八四頁。
(5)稲盛［二〇〇六］八四頁。
(6)稲盛［二〇〇六］八四頁。
(7)稲盛［二〇〇七］一五二頁。
(8)稲盛［二〇〇六］一五六‐一五八頁。
(9)独立行政法人情報処理推進機構［二〇一二］一〇頁。Cressey［1971］p.30.
(10)稲盛［二〇〇六］一五七頁。
(11)引頭編著［二〇一三］第一章参照。
(12)引頭編著［二〇一三］終章を参照。
(13)サウスウエスト航空Wikipedia参照。
(14)Freiberg, K. and J. Freiberg.（小幡訳［一九九七］）三四三頁。
(15)椎野［二〇一一］八八頁。
(16)狩俣［二〇〇九］一七五頁。

(17) 狩俣［二〇〇九］八一－八二頁。
(18) 狩俣［二〇〇九］九五頁。
(19) 中牧・日置［二〇〇九］一六五頁。
(20) Milliman, et. al [1999] pp.221-233.
(21) Mackey and Sisodia（鈴木訳［二〇一四］）六三頁。同訳書では、「ＳＷＡが設立された一九七〇年代前半に飛行機を利用していたアメリカ人はわずか一五％。今日、八五％以上の人が空の旅を楽しんでいるのは、低料金を提供し、航空サービスを中小都市にももたらし、しかも楽しい方法でマーケティングするという同社のパイオニア的な努力によるところが大きいとしている。」
(22) サウスウエスト航空、顧客満足度の向上に関するブログ《blog.tayori.com/entry/2015/06/03/073000》（2016.5.29）参照。
(23) 中牧・日置［二〇〇九］一八二頁。

第5章　ビジネス・レジリエンスを生む理論と事例

1　人生のリスクと幸福感の関係

人生や企業活動には様々なリスクやチャンス、そして危機が存在する。特に人や企業を襲う負のリスクや危機に対しては効果的なマネジメントを行い、迅速に復元しなければならない。そして、さらに危機からの復元後、人も社員も幸福感を実感できる状態にあることが重要であり、そこを追求するのが本書の目標である。つまり本書は、危機から復元するための諸要素を発見し、それを普段から企業や組織に組み込み醸成し、マネジメントし、最終的には幸福感を実感できる諸策の提言が目標である。そのためには、まず、どういうリスクや危機が人にどの程度のダメージを与え、どの程度の期間で回復するのかについても一般的な傾向を把握しておく必要がある。

人生に大きな悲しみを与える出来事は人生の満足度を大きく下げ、そこからの復元・回復の程度、そして復元にかかる時間は、どういう出来事が起きたかにより異なる。こうした問題について、クラーク（A. E. Clark）らは一三万人の被験者を数十年間にわたって追跡調査し、その調査結果を二〇〇六年一二月に発表、[1] それを二〇〇八年の一二月に *The Economic Journal* 誌にも発表している。そこで対象とされた人生に大きな悲しみを与える出来事の一部は「離婚、配偶者の死、短期の失業、長期の失業」である。調査結果の中で、筆者がレジリエンスとの関連で関心をもつのは、次の調査結果である。[2]

▼様々な出来事（リスク、危機）の中で、人生の満足度に最も大きな負の影響を与えるリスクは「一年以上にわたる長期の失業状態」である。[3]

▼長期失業のダメージは大きく、そこから完全に立ち直るのに（復元するのに）、五年かかる場合もある。特にその傾向は女性よりも男性の場合の方が回復に時間がかかる、あるいは元のレベルに戻れない傾向がある（図表5－1、5－2）。

▼「配偶者の死亡」に直面した場合、多くの人は数年後には配偶者がなくなる以前の幸福レベル近くまで回復するが（図表5－3、5－4）、「長期失業」の場合には、数年後においても以前の幸福レベルに回復しない（図表5－5）。その傾向は特に男性の長期失業の場合の方が、女性に比べて大きい（図表5－1、5－2）。

以上の四つのデータからいえることは、長期失業がもたらすダメージの大きさであり、いかに「仕事」が人生の幸福と関係しているかがわかる。この調査結果なども参考としながら、

図表5－1　長期失業による男性のダメージの回復

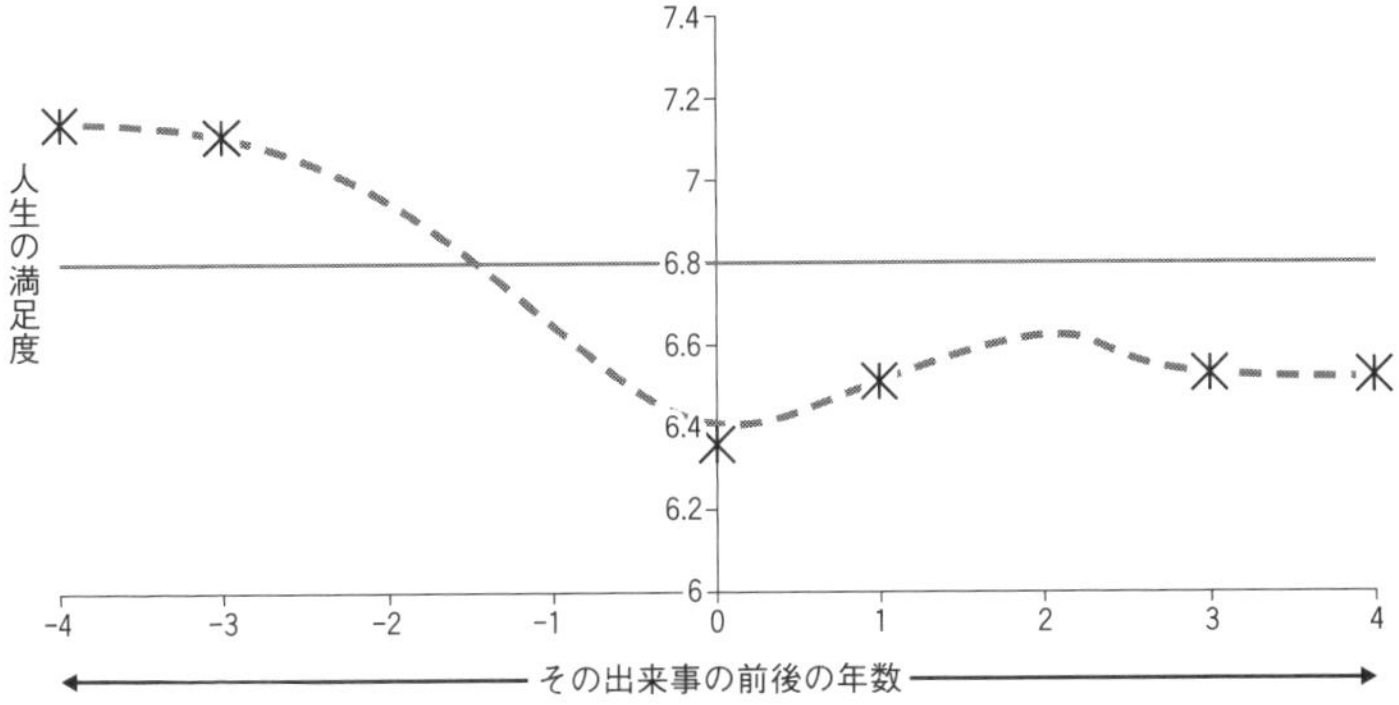

（出典）Clark, et. al［2006］p.19.
（注）＊は有意水準５％を示す（図表5－2～5－4も同様）。
縦軸の数字は11段階尺度による満足度を示す（０は「全く不満」を、10は「完全に満足」を示す）。

図表5－2　長期失業による女性のダメージの回復

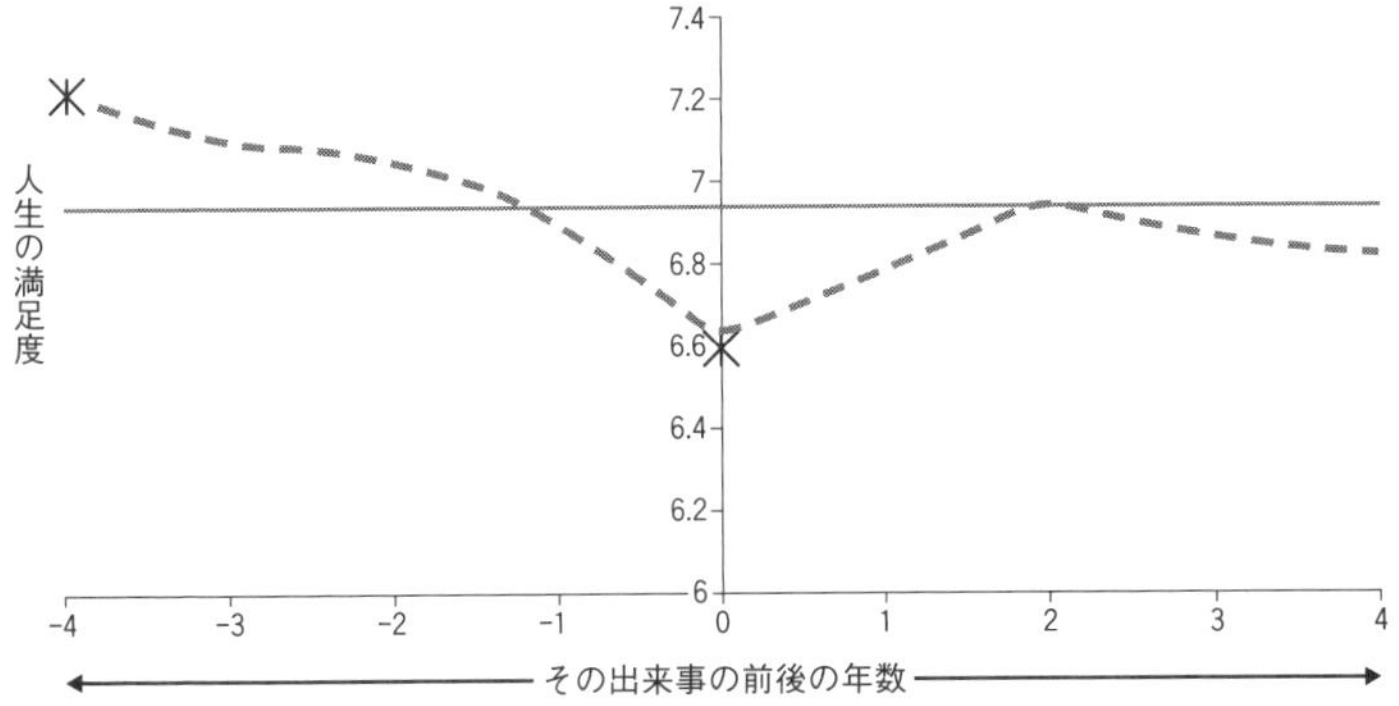

（出典）Clark, et. al［2006］p.19.

図表5−3　妻の死亡による夫のダメージの回復

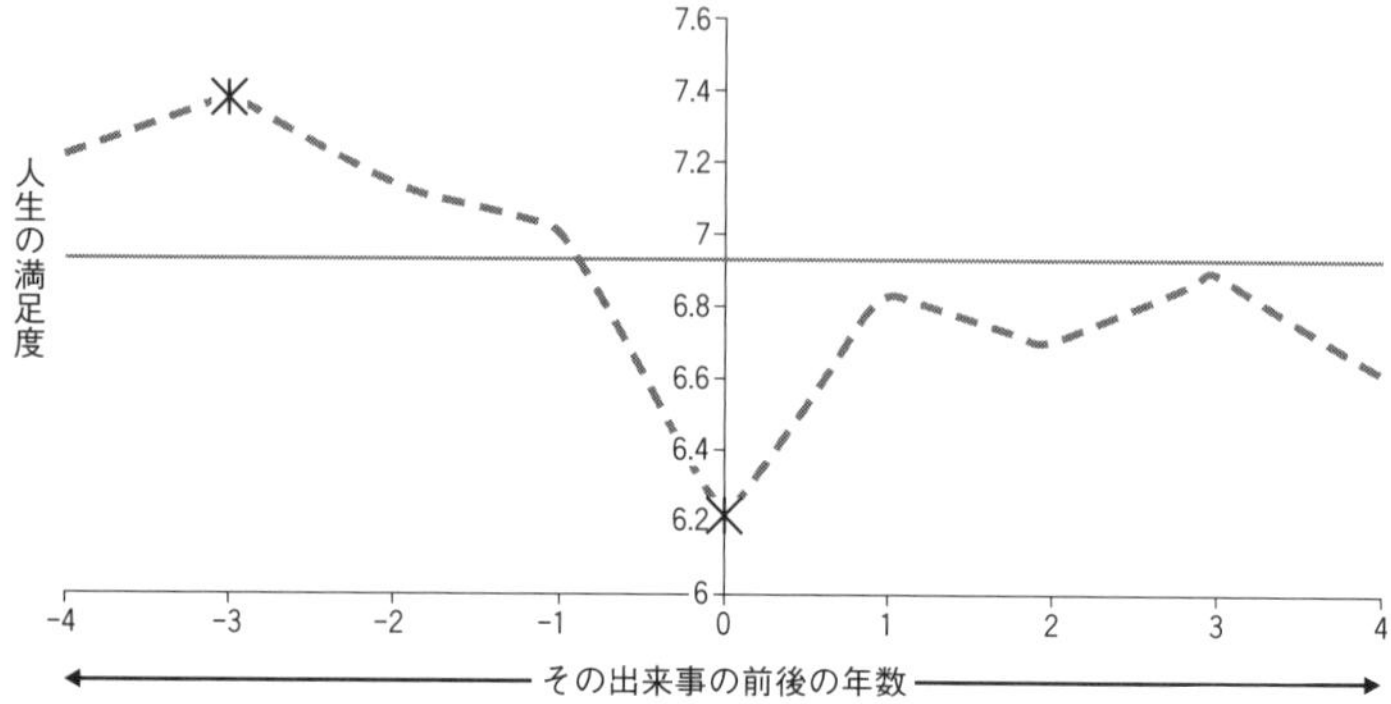

（出典）Clark, et. al［2006］p.22.

図表5−4　夫の死亡による妻のダメージの回復

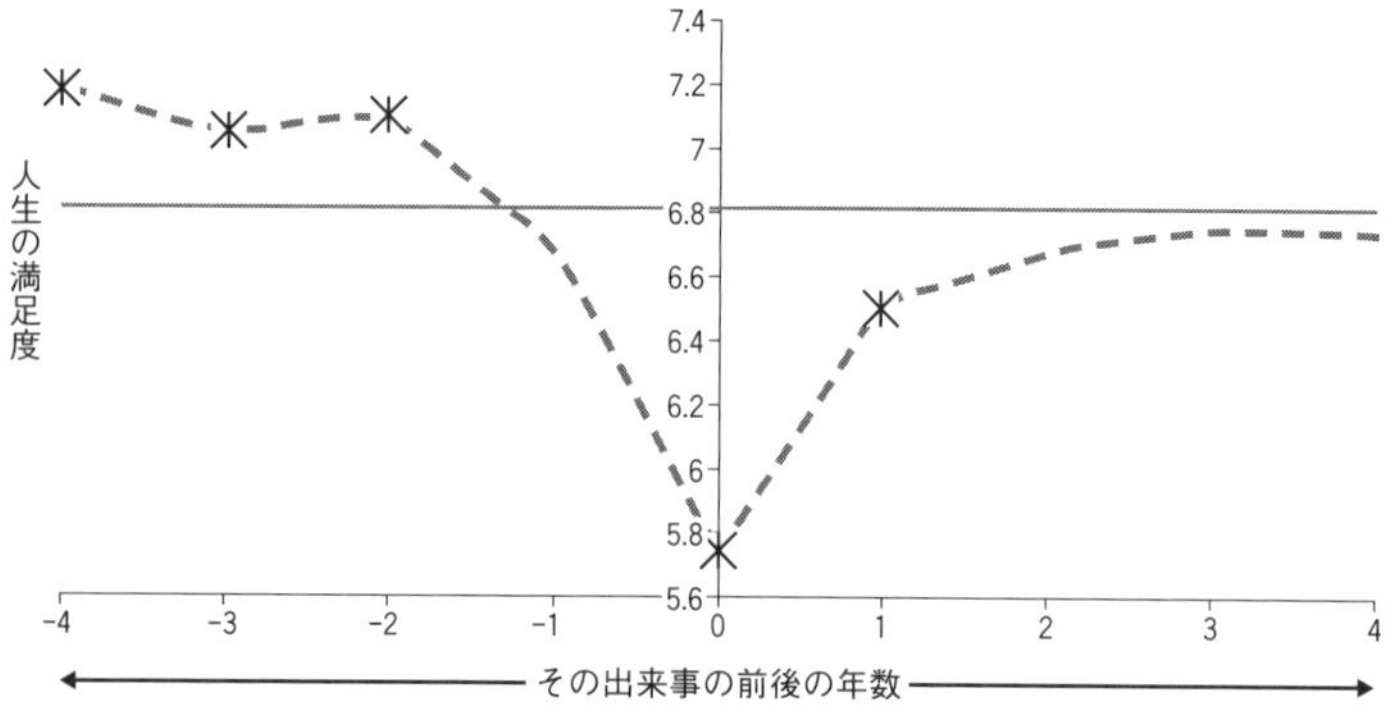

（出典）Clark, et. al［2006］p.22.

図表5－5　「配偶者の死」と「失業」の幸福への影響

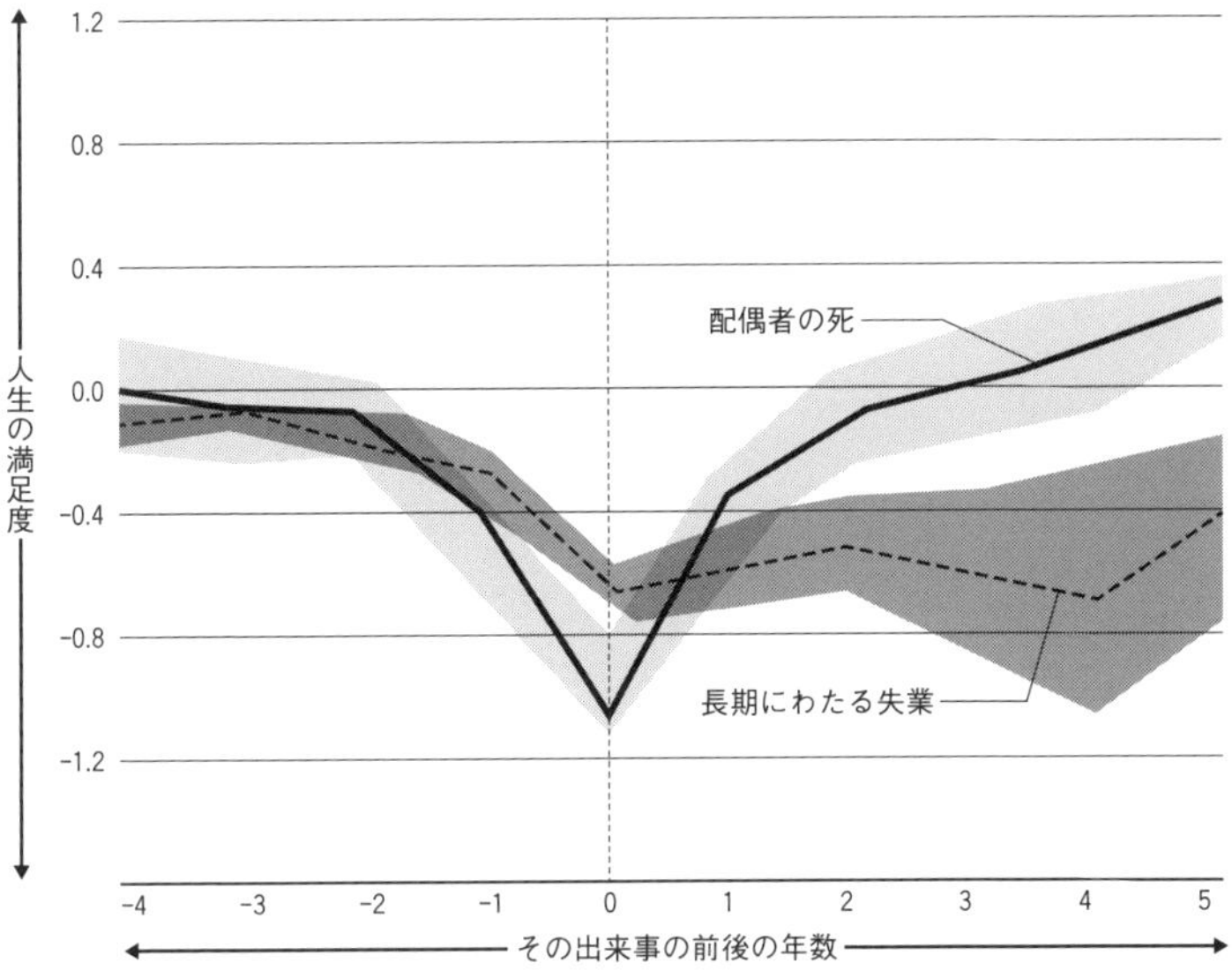

（出典）Rath and Harter（森川訳［2011］）27頁。

ギャラップ社は一九五〇年代から一五〇カ国における人の幸福に関する調査を実施してきたが、人の幸福を決定する次の五つの要素を発見した。この五つの要素は世界中のどんな国の人にもあてはまるという[4]。

①　仕事への情熱（生計を立てるための仕事だけではなく、ボランティア活動、子育て、勉強など、一日の大半を費やしていることをいう）

②　よい人間関係

③　経済的な安定

④　心身ともに健康

⑤　地域社会への貢献

これら五つの要素のうち、全体的な「人生の幸福」を考えた時に、「仕事の幸福」は最も重要で根幹をなすという[5]。ここでいう仕事とは、生計を立てるための仕事だけではなく、ボランティア活動、子育て、勉強など、一日の大半を費やしていることをいう。最も多くの時間を費やすことが、その人を作り上げるので、ここでいう仕事において幸福度が低いと、やがては人間関係、経済的な安定、健康を損ない、地域社会への貢献もできない。つまり、仕事において幸福度が低いと他の四つの幸福の要素も悪化させてしまう[6]。

人生のリスクの中で「仕事の幸福」に関するリスクが、人生の幸福を左右する大きなリスクであることがわかった。そこで、次節では、仕事、あるいは職場で、どうすれば情熱を持って仕事に取り組むことができるのか、言い換えれば「仕事の幸福」はどうすれば生むことができるのかという点を中心に、ビジネス・レジリエンスに関連する理論や考え方を検討してみよう。

2　ビジネスにおける「フロー」

ドラッカーの会社の本質の関する概念については既述したが、もう一度示すと次のようになる。「会社とは社会の問題に貢献する存在、利益ではなく人間を幸せにするために存在する。」

またドラッカーは、「働き甲斐とは、責任ある仕事を遂行することであり、そのためには従業員に対して①真に必要な仕事、②成果についてのフィードバック情報、③継続的学習環境の三つを与える、そのことで働くことは喜びや自己実現につながるもの（わくわくドキドキするもの）になるという意味の指摘をしている。[7]

このドラッカーの見解は、これから検討する「フロー」条件の一部と相通じるものがある。「フロー」（Flow）の研究者の第一人者であるチクセントミハイ（Mihaly Csikszentmihalyi, 元シカゴ大学心理学教授）によれば、「フロー」とは「無我夢中で何かに取り組んでいるときの意識状態で、単なる集中以上に、それを体験した人に何か特別なことが起こったと感じさせる、心と体が自然に作用しあう調和のとれた経験、最適経験、楽しむこととも関係している」と定義している。[8] わかりやすくいえば、「フロー」とは「人間にとって最も生産性の高い幸福感に満ちた精神状態」のことである。[9]

チクセントミハイは「フロー」体験をビジネスの分野にも適応し、「仕事をできるだけ楽しくする方法、成功とともに、仲間や従業員また顧客から信用されるビジネス・リーダーの責任とは何か」について検討している。[10]

チクセントミハイは、「フロー」な状態になるための条件として、概略、次のものを挙げている。[11]

（1）組織の目標の明確化

社員と経営者間の企業ビジョンや理念、使命の共有・共感を通じ、組織の目標を明確にすることである。企業ビジョンや理念、使命の共有・共感を通じて、両者間に信頼感が生まれ、会社、社員の存在意義を確認することが重要である。こうしたことが会社での一体感を生み、目標達成の動機を強める。

本書で検討してきた京セラ、ＪＡＬそしてＳＷＡ（サウスウエスト航空）などの事例でも、最初に企業ビジョン、企業理念が明確に示されていた。

（2）自由と責任の付与

社員には目標を達成するのに必要なスキルが必要であるが、さらに、「フロー」を生むには社員に権限を委譲することが重要である。仕事の仕方において、それが拘束的に社員をコントロールするものではなく、仕事の遂行方法に選択の幅があり、最善の方法を見つけられるチャンスを社員に提供することが信用と新たなアイディアを生み出す。

新しい技術が導入され、仕事の仕方に変化が生じる場合も、この新技術は仕事の楽しみにどのように影響するのかという視点を、経営者、上司が持つことが「フロー」につながる一要因である。

（3）　挑戦（目標）とスキルのバランス

スキルとは技術的なスキルのみではなく、例えば価値観、感情、ユーモア、思いやりなどを含む能力全体を意味する。人材雇用の面で「求職者は組織の目標と価値観にふさわしい人かどうか」を問うことも重要である。

挑戦目標とスキルのバランスが取れない状況が生じることもある。例えば、私生活面での変化（家の購買、結婚ほか）により、精神エネルギーが当該仕事に向けられない状況が生まれることなどがその例である。賢明な上司は、そうした状況が一時的か継続するものかを普段のコミュニケーションから推察し、適切な配置転換をすることが「フロー」への道を作る。スキルのうち、ユーモアについていえば、「採用時に応募者にユーモアセンスの資質があるかどうか」を重視している会社がすでに検討したＳＷＡである。

（4）　客観的で公正な評価：明確なフィードバック

社員が仕事の成果を迅速で具体的なフィードバックにより知ることにより、学習と成長の機会が生まれる。社員へのフィードバックを担う一人に上司がいるが、過剰管理につながるような事細かいフィードバックが行われると、社員のモチベーション、学習意欲が阻害され、ここに倫理リスクの発生源の一つであるプレッシャー、社員による正当化理由が生まれる可能性がある。

フィードバックには、仕事自体からのフィードバックもある。仕事固有の成果の尺度を示すことにより、組織全体の中での社員の仕事の進捗状況がわかれば、多くの場合、組織全体にとり魅力的なフィードバックとなる。そのためには、各社員の仕事が組織全体の目標達成にどのように役立っているのかを示して理解を得ておく必要がある。

すでに検討した稲盛の京セラでは、経営トップや各部門のリーダーが、すばやく、かつ正確に経営判断を行うために、いまの経営状態を「ありのまま」の姿で、正確かつタイムリーに把握するための経営情報のフィードバック・システムを構築している。[12]

ただチクセントミハイも指摘しているように、それが過剰管理につながるような事細かいフィードバックになると過剰なプレッシャーになることがあり、パフォーマンスの低下あるいは倫理リスクを生む可能性を上げる。

また、フィードバックは仲間からのそれも大切であり、社員が能力や独自性を発揮したときに、それを理解してくれる「顔の見える仲間」の存在も重要である。個々人の力が想像以上に発揮されたとき、仲間を含む組織全体の「賞賛」がない場合、社員のモチベーションは下がり、転職などの組織にとり好ましくない状況を生む一因になることがある。

このチクセントミハイの「明確なフィードバック」の指摘は重要であり、既に検討した京セラでも、アメーバ経営による成果を報酬に連動させず、仲間からの賞賛と感謝にあてている。

（5）誇りと満足感

社員の協力により生み出される商品やサービスが、公共の利益や社会的価値の創造に寄与していると社員が確信するとき、社員は安心して自分の心理的エネルギーを仕事に投入することができる。したがって、会社（組織）は倫理的な態度をもって、利害関係者に接することができるし、社員の満足感や彼・彼女からの協力が得られる。社会的諸問題の解決に寄与する商品やサービスの提供（ソーシャル・ビジネス）は、こうした面で優位性をもっている。

この要因は「世のため、社会のために働く」という内発的動機、言い換えれば、何かに参加したり、何かを行うのはそれ自体が好きだからであり、将来得られる報酬や利益を期待して行うのではないということとも関連している。

（6）教育、訓練、キャリアプランニングなどの内発的な報酬

外発的報酬の典型は成果主義であるが、近年では成果主義の見直しがいくつかの企業で行われている。内発的報酬を整えることが従業員満足度（ＥＳ）を高め、それがひいては顧客

満足（ＣＳ）に結びつくという思考である。この思考は米国のＳＷＡ（サウスウエスト航空）で実行され、素晴らしいパフォーマンスを示してきた点についてはすでに検討した。日本では、花王がその例であり、同社のこうした側面についてもう少し詳細に検討してみよう。

〈花王の事例〉

花王では、国内市場が飽和していることから、海外市場の重要性がこれまで以上に高まっており、海外における優秀人材の確保、次世代リーダーの育成が最重要課題となっている。こうした状況の中で、組織の成長とともに個人の成長を支援していくために、「花王が求める人材像」を次のように掲げている。

1. チャレンジを続けられる人材
2. 高い専門性を持った人材
3. 国際感覚豊かな人材
4. チームワークを大切にして、協働で成果をあげる人材
5. 高い倫理観を持った人材

また、グローバル競争力の維持・向上を目指すために、公正な人事・処遇制度に加え、キ

ャリアパスや成長機会の提供などといった賃金報酬以外のインセンティブで優秀人材を繋ぎ止め、モチベーションを向上させる施策が必要不可欠となっている。

そこで、各国の多様な人材をまとめ、求心力を高める施策の一つとして花王の価値観・哲学（「花王ＷＡＹ」）（図表５－６参照）を策定するとともに、各部門・関係会社にもそれを浸透させるために、専門部署を設置し、「花王ウェイ・ワークショップ（研修）」を通じて価値観の共有・組織力の向上に取り組んでいる。(13)

例えば、企業行動指針「花王ビジネス・コンダクト・ガイドライン」を制定、各国の特性や事例を踏まえた研修を実施して、世界各国のグループ社員への浸透を図っている。同時に、法令や倫理に反するおそれがある行為について、社員が通報・相談できる「相談窓口」をグループ全社に設け、社員が疑問を解決し、安心して責任ある行動ができるようサポートしている。

また、花王は、米国のシンクタンク「Ethisphere Institute」が発表した「World's Most Ethical Companies（世界で最も倫理的な企業）二〇一四」に選定されている。花王は二〇〇七年の初回以来、八年連続の選定であり、八年連続の選定は日本企業では唯一となる。「世界で最も倫理的な企業」は全世界一〇〇カ国以上、三六業種の企業が評価に参加し、過去最多の企業の中から最終的に一四五社が選定された。八年連続での選定はグローバル企業でも

図表5－6　花王ウェイ（基本理念）

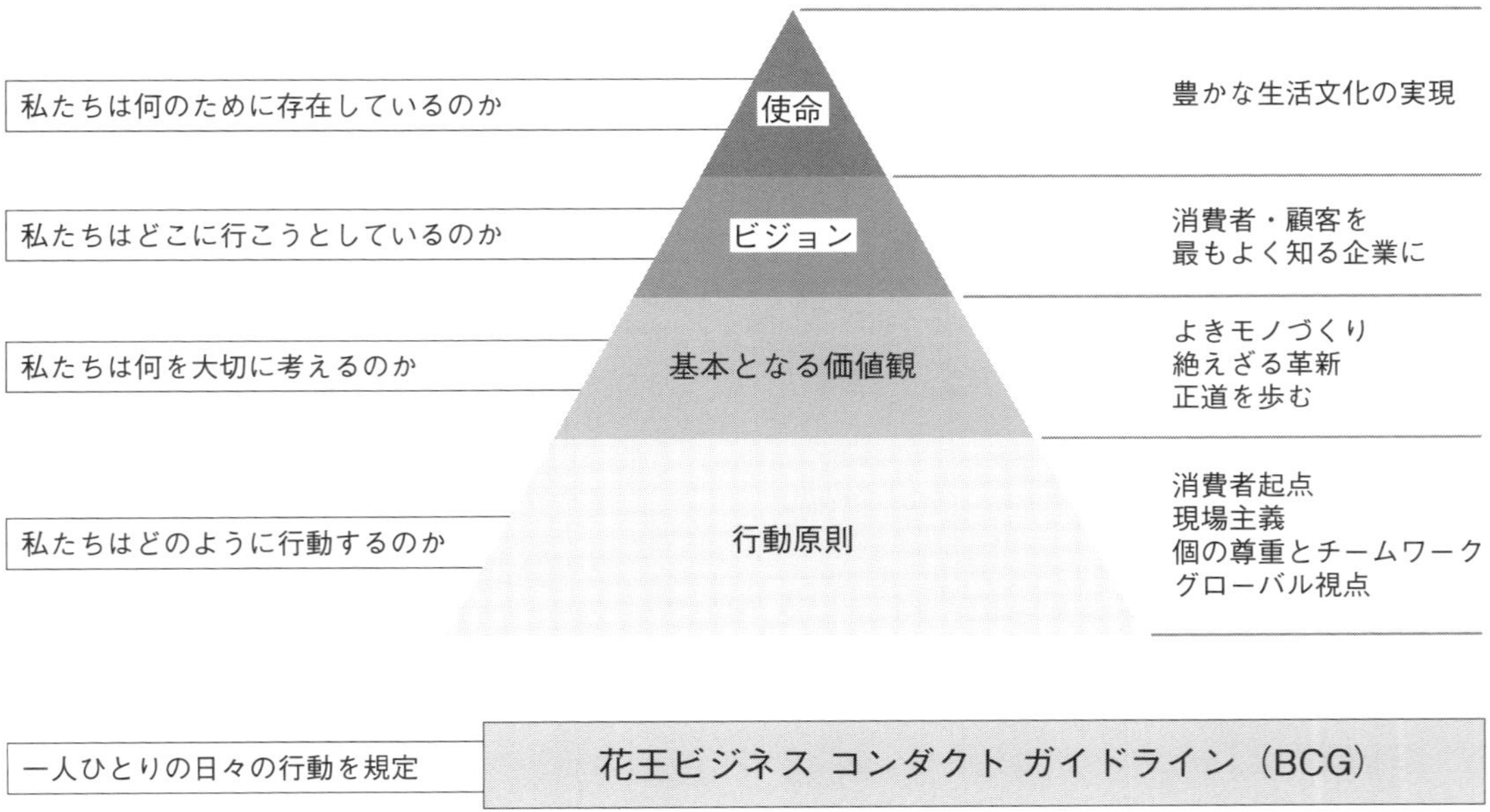
私たちは何のために存在しているのか
使命
豊かな生活文化の実現
私たちはどこに行こうとしているのか
ビジョン
消費者・顧客を
最もよく知る企業に
私たちは何を大切に考えるのか
基本となる価値観
よきモノづくり
絶えざる革新
正道を歩む
私たちはどのように行動するのか
行動原則
消費者起点
現場主義
個の尊重とチームワーク
グローバル視点
一人ひとりの日々の行動を規定
花王ビジネス コンダクト ガイドライン（BCG）

（注）1995年制定の基本理念を改定、グローバル理念として2004年制定。
（出典）「花王ウェイ」2004年。

少数に限られている。

3　幸福感のマネジメント

幸福感を抱く社員は、そうでない人と比べて長期にわたり高いパフォーマンスを上げることができるという視点からの研究が最近行われている。幸福感を抱く社員は倫理リスクを犯す動機・プレッシャーを作りにくく、かつ倫理リスクを犯した社員の勝手な正当化も生じにくいと考えられる。さらには、そうした幸福感を抱く社員のパフォーマンスが高いとなると、企業にとってまさに好ましい状態といえる。

先に検討した「フロー」理論の権威であるチクセントミハイも、「good businessとは、単に利益を生み出すだけのものではない。むしろそれはbad businessとは反対に、人間の幸福に役立つ仕事のことをいっている[14]」と述べているように、幸福に役立つビジネスを追求することこそが、幸福と成長をもたらすといえる。

「幸福感を抱く社員は、そうでない人と比べて長期にわたり高いパフォーマンスを上げることができる」という研究結果の一端を次に見てみよう[15]。

▼人生満足度が高い社員は、顧客からの高い評価を得る可能性が高い。

▼人生満足度が高い従業員が働いている小売店の店舗面積利益は、他店のそれよりも二一ドル高く、小売チェーン全体では利益が三、二〇〇万ドル増えている。
▼幸福感の高い社員の生産性は平均で三一％、売上は三七％、創造性は三倍という結果となった。
▼ソーシャル・サポート（身近な人間関係における相互支援）を提供する頻度が極めて高い社員は、その値が下位の四分の一にある人たちと比較して、次の年に昇進する可能性が四〇％高く、仕事への満足度も有意に高く、また仕事への集中力は一〇倍高い。

以上の数字はいずれも米国の企業の例であるが、日本でも東出と大久保が起業家（従業員の離職率が五％以内のベンチャー企業を対象としている）へのインタビューと質的分析をして、「美徳に裏付けされた経営が、幸せな成長企業を生む」ということを検討している(16)。そして図表5－7のようなモデルを示している。

この図表の右側は幸福感を抱く社員の持つ特性である。「利他主義、創造的、効率的、生産的、意見の尊重」などが、高いパフォーマンスに結びつく要因である。その前提として、図表の左側にある「信頼、オープンな情報、没頭、自分の仕事の意味や意義が見いだせる」などの要因は、これまで検討した「フロー」理論と非常に関連している。

ここで「幸福の創造と拡大」を基本理念としている次の会社を、ケースとして検討してみ

図表5−7　幸福度と他の要因との関係モデル

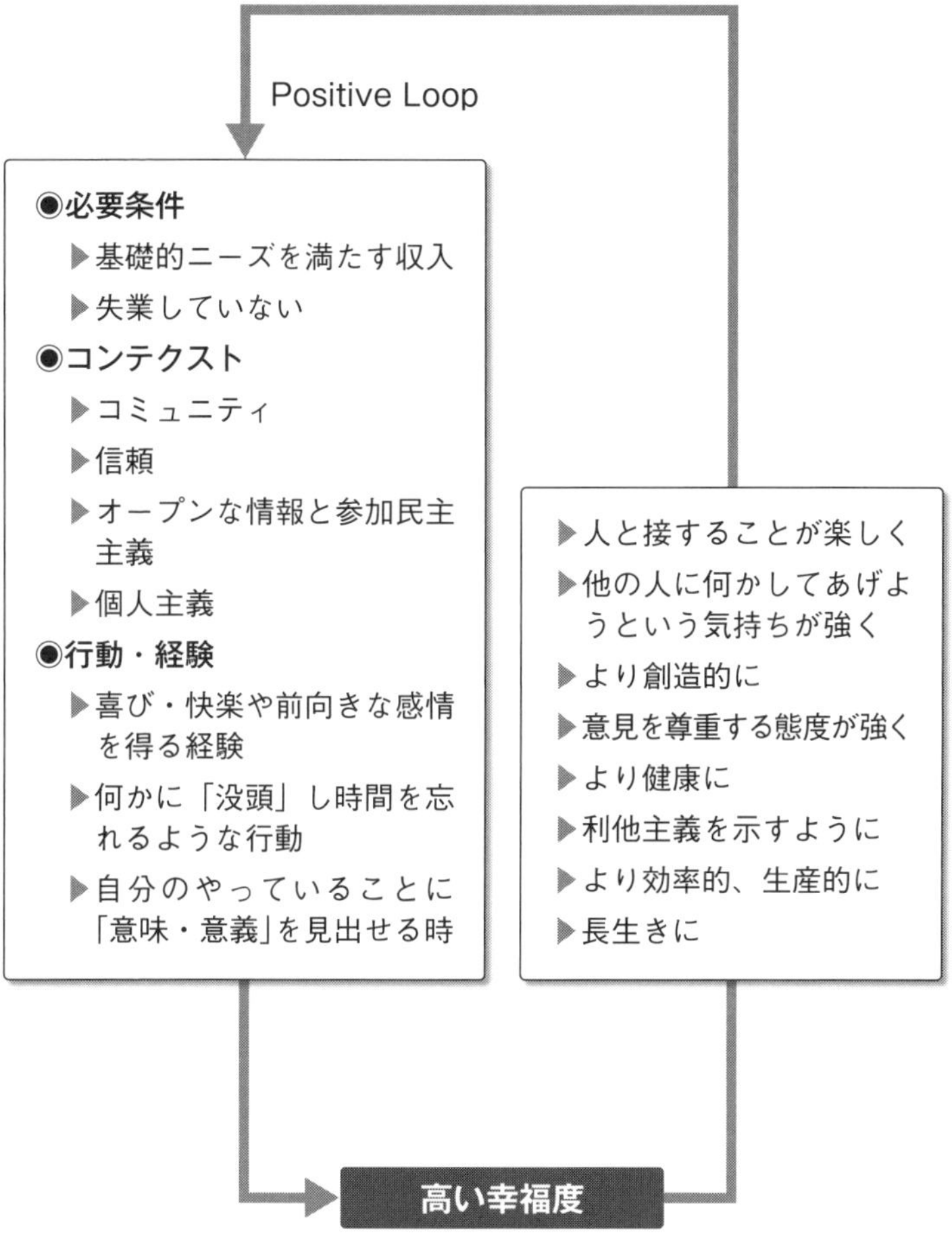

（出典）東出・大久保［2010］８頁。

よう。(17)

(1) 日本社宅サービス(株)のケース

日本社宅サービスは、借上社宅や社有施設の事務管理、管理運営代行業務、転勤者サポート業務などを中心とする住宅制度運営のアウトソーシング事業を営む会社である。一九九八年に七人のメンバーと創立、二〇一三年六月期の売上は、二九億八、七〇〇万円であり、社員数は臨時社員平均一三〇人を含め二二八人である。

同社の代表取締役、笹晃弘は、かつてベンチャー企業で働き、年商はピーク時には一、〇〇〇億あったが、ある日突然、会社更生法により破綻するという経験をしている。笹氏は同社起業に際し、「ビジネスをしていくにあたり、お客様に最高の満足を実現するのはあたりまえであるが、それだけではなく、働いているメンバーの物心両面での幸福が果たされない会社には存在価値がないのではないか」と結論付けている。

そして、次のような同社の基本理念を示している。

「お客様に最高の満足と、集う人々の幸福の創造と拡大をし続け、夢の総和の実現をはかる。」

笹氏は、この経営理念の浸透を入社した当初から共有する努力をしている。社員採用の基準は、能力よりも会社の姿勢や理念に共感できる人物を採用しようとする姿勢であるが、それは末端まで会社の理念が浸透する会社でありたいと願っているからである。「集う人々の幸福の創造と拡大」の理念は、本書で検討している京セラの稲盛の企業理念と同じであり、社員採用の基準である「能力よりも会社の姿勢や理念に共感できる人物を採用」しようとする企業姿勢は、サウスウエスト航空の企業文化に根差した採用時の価値観と同じである。

採用後も、経営理念と社員の思想・行動との突合せを行い、朝礼では役員と社員がともに唱和もしている。そして正社員として入社した社員が、誰もやめないという企業になっている。採用後も社員との面談は行われ、会社に対する要求が折り合わない場合、同社が転職先を紹介し推薦も行う。このように、一度仲間になった社員も大切にしている。

同社は、会社全体の経営の中で、個々の社員の果たすべき役割を見えるようにしている。新人社員の戦略化のために、やるべきタスクをリスト化、データ化、そして見える化している。新しいプロジェクトを始めるときは、笹は環境分析を行い、そのチャンスやリスクを数字化している。タスクをクリアした社員には、この先自分はどう育っていきたいのかを考え、未来像を描いてもらい、それが実現できる成長機会を与えるようにしている。

ビジネス上の情報共有、特に顧客からの声や意見は必ず全社に配信し、それらの情報がサービスの改編や商品化につながるシステムになっている。こうした情報の共有は五～六人で構成されているプロジェクトをベースにして行われ、笹氏も月に四〇時間の経営会議に参加している。

会社設立間もないころ、売上が伸びているのに建て替え資金が調達できず、倒産寸前に追い込まれたが、笹によれば、詳細は分からないが、この苦境も「誠意」により乗り越えている。むしろそういう経験により、会社として困ったことやトラブルを社員に公開することで、社員同士がそれを乗り切ろうとお互いの知恵や情報を出し合って持ち寄れるようになったことが会社にも大きな転機になったという。

こうした苦境も笹氏の物心両面の幸福追求という経営哲学、このビジョンに基づいて採用された社員との情報共有、社員のモチベーション、リスク直視などにより乗り越え、過去七年間、売上高営業率（売上高に占める営業利益の割合）が一〇％を下回ったことがない（平成二五（二〇一三）年度における全業種の平均売上高営業率は三・四％であり、五％を超えると優良といわれている）。

日本社宅サービスの経営理念である「お客様に最高の満足と、集う人々の幸福の創造と拡大をし続け、夢の総和の実現をはかる」は、すでに検討した稲盛和夫の京セラの経営理念である「全従業員の物心両面の幸福を追求すると同時に、人類、社会の進歩発展に貢献すること」と一部同じである。そして、そうした経営哲学や経営情報の社員との共有を図っている点も京セラと似ている。社員の幸福感を大切にする企業には、こうした面での共通性がある。

（2）松下幸之助の経営哲学にみる幸福感

経営者の経営哲学が社員の幸福感を左右する大きな役割を持っている。このことは二〇世紀を代表する経営者であり、経営の神様ともいわれる松下幸之助の経営姿勢、経営哲学にも表れている。松下幸之助は一九二八年頃、会社の目的を次のように示し、同社の綱領としている。

「営利と社会正義の調和に念慮し、国家、産業の発達を図り、社会生活の改善と向上を期す。[18]」

さらに、企業哲学として、以下の点を明示している。

「利益は企業が世の中に貢献した報酬である。」（目的は社会貢献であり、利益はその社会貢献を追い求めた結果として自然に得られるものである。[19]）

こうした企業哲学をもった松下幸之助氏は、一九八九年逝去する約一カ月半前に、松下電器の経理担当役員であった平田氏との会話で、「従業員は幸せに働いているか」と問われ、それを受けて平田氏は次のような意味のことを書き記している。「従業員の幸せ、これこそが創業者が求めたものであり、従業員が幸せであるためには、利益が出ている必要があり、次にお客様はじめ周囲の人（利害関係者）から支持される会社でなければならない、そして何よりも経営者たちと従業員の心が通い合った会社でなければならない。」

「企業価値の増大やコーポレート・ガバナンスも大切だ。ＣＳＲも大事だ。しかし、企業というものの実体を構成している従業員がやる気になっていなければ、株主やステーク・ホルダーをはじめ、企業をとりまくすべての人々に満足していただける成果は生まれない。ソフト・ウエアの要素が増した最近の企業価値では、特にその感が深い。[20]」

幸福感のマネジメントは企業経営者の企業哲学から生まれ、それを企業内にどのようにして「社員が幸せになる仕組み」を創るかによる。あくまでも経営者の哲学がその仕組みづくりのスタートである。

注

（1）Clark［2006］pp.1-32.
（2）Rath and Harter（森川訳［二〇一一］二六－二九頁。
（3）Rath and Harter（森川訳［二〇一一］）二八頁。
（4）Rath and Harter（森川訳［二〇一一］）八－九頁。
（5）Rath and Harter（森川訳［二〇一一］）二五頁。
（6）Rath and Harter（森川訳［二〇一一］）二六頁。
（7）上田［二〇一一］四〇－四一頁。
（8）Jackson and Csikezentmihaly.（今村ほか訳［二〇〇五］）六－七頁。

（9）辻［二〇〇八］三頁。
（10）Csikezentmihaly（大森監訳［二〇〇八］）iii頁。
（11）Csikezentmihaly（大森監訳［二〇〇八］）第六章、および潜同［二〇〇三］第五章参照。
（12）稲盛［二〇〇六］一一四頁。
（13）花王ＨＰ《www.keidanren.or.jp/japanese/policy/2010/043/jirei.pdf》[2014.6.4].
（14）Csikezentmihaly（大森監訳［二〇〇八］）三一頁。
（15）Achor（二ノ方訳［二〇一一］）六三頁。
（16）東出・大久保［二〇一〇］八‐一一頁。
（17）このケースは東出・大久保［二〇一〇］八〇‐九五頁を参考にしている。
（18）平田［二〇一〇］五〇‐五一頁。
（19）加護野［二〇一一］二六頁。
（20）平田［二〇一〇］一六九‐一七〇頁。

第6章　事例にみるレジリエンス思考
――レジリエンスを構成する共通要因――

本書の基本的な問いは「なぜ、一度破綻した企業が復元できたのか、逆境下での復元力の源泉は何か、復元前後には、経営者は社員の幸福感や成長をも視野に入れた思考をしていたのか」などである。企業の破綻と復元の原因やその背景、共通要因などの解明には、次に検討するようにいくつかの手段、研究アプローチがある。最初にそのアプローチを概括し、次に本書で検討するリスク、危機、そしてレジリエンス問題解明のために適合するアプローチが何かを示し、その後、そのアプローチに沿った具体的検討を行う。

1　危機、レジリエンスの問題に関するアプローチ法

問題解決のための研究には様々なアプローチがある。例えば歴史的アプローチ、統計的アプローチ、理論的アプローチ、そして事例によるアプローチなどである。こうしたアプローチのうち歴史的アプローチ、統計的アプローチそして事例によるアプローチの特徴をいえば、

下記のものとなろう。

(1) 脈絡や状況を重視した事例研究によるアプローチ

このアプローチは、「なぜ、どのように」の因果メカニズムの解明に役立つアプローチである。(1) 危機管理や危機発生後の復元問題などを当事者の視点に立って分析しようとする場合、重要な問いかけは、「当事者がなぜ、どういう思考や方法で、その問題を乗り越えたか」を問うことである。その際に、当事者、関係者の脈絡や状況を踏まえて、将来の意思決定をより効果的にするためのアプローチとして事例研究がある。

(2) 聞き取りによるアプローチ

過去の出来事、例えば企業の破綻や逆境を克服したケースなどの原因や背景、復元策などの研究のために、関係者から直接、話を聞き取り、記録としてまとめるアプローチで、オーラル・ヒストリー（Oral History、口述記録あるいは口述歴史）といわれるアプローチで、過去の事象から将来を類推（歴史的類推）するのに有効である。

(3)　数量化可能な事柄のみを説明する統計的アプローチ

「誰が、どこで、何を、どの程度」の分析に向いているが、「なぜそうしたのか」の解明には向いていない。本書での関心は、「なぜ破綻し、なぜ復元できたのかの分析」であるが、「原因と結果の因果メカニズム」解明には向いていない。

企業の最大の危機である倒産問題について、例えば企業共済協会発行の企業の倒産原因に関する調査結果をみると（二〇一四年度は合計九、九一一社が倒産）、次のような倒産原因が示されている。[2]

▼「販売不振」六、八五八件（六九％）
▼「既往のしわ寄せ」（赤字累積）一、一二三件（一一％）
▼「他社倒産の余波」六一三件（六％）
▼「放漫経営」四八〇件（四・八％）
▼「過小資本」四四七件（四・五％）
▼「その他」三三六件（三・三％）
▼「売掛金回収難」五四件（〇・五％）

これらの数字は調査によるプリミティブな統計的アプローチの一つであるが、こうした原因の把握だけでは、本書での関心テーマである倒産の根源的な原因、経営者の思考、経営戦略などとの相互関連は把握できない。

以上の検討からわかるように、経営破綻などの想定困難な危機、想定外の危機への対応問題、レジリエンス問題を扱う研究では、重要な問いかけとして「当事者がなぜ、どういう思考や方法で、その問題を乗り越えたか」などを問うことである。その際に、当事者、関係者の脈絡や状況を踏まえて、将来の意思決定をより効果的にするためのアプローチとして、事例研究やオーラル・ヒストリーが効果的である。分析対象とするテーマにより、用いられる研究アプローチを適応させることが重要であり、本書での「レジリエンス」問題の検討には、事例研究やオーラル・ヒストリーが効果的である。

以上の理由により、本書では理論とともに事例を多用し、レジリエンス問題を検討している。

2 事例研究にみるビジネス・レジリエンスの根源的要因

筆者はすでに次のような事例研究を通じて、危機に瀕した企業の復元力の根源的な要因に関して検討を加えてきた[(3)]。ここではまず、次の四社の事例研究を検討し、その後、それらの会社の復元力の要因を整理してみよう。

(1) 池内タオル：苦境を克服した今治のタオル会社[4]

愛媛県今治市は現在人口約一六万人の小さな町で、造船、タオルで有名な町である。筆者は大学卒業後、すぐに大手損保会社の社員として今治支店に本配属になり、いくつかのタオル工場を訪問したことがある。火災保険の契約者としてタオル工場があったからである。本章で検討する事例は、地方の小さな町でタオル産業自体が衰退し、激しい低価格競争にさらされているという厳しい外部環境の中、元請け問屋の倒産による連鎖倒産をした「池内タオル」という会社の事例である[5]。

「池内タオル」は一九五三年創業の会社で、現社長は二代目である。一代目社長は現社長の父親で、一九八二年に病気で急逝される。二代目社長となる池内計司は大学卒業後、松下電器(大阪、現パナソニック)に就職し、そこで一二年間働き、家を継ぐ決心をした直後に父親が他界する。次期社長として池内氏がタオル会社を継いだのが一九八三年である。

今治のタオルは、全国生産の約六割を占めている。かつては五〇〇社のタオル工場があったが、一九七六年ころをピークに減少し、いまでは一四〇社が今治タオルを担っている。筆者が大手損保会社に勤務していた頃がタオル生産のピーク時期だったことになる。

①　タオル業界の現況

日本のタオルの需要は七〇％以上が贈答用という特異な市場環境で、そのため見栄えの良いものが選ばれるようである。米国では多くの消費者が自分の嗜好に合わせてタオルを購入し、シンプルなもので自分の好む色や質などが重視される。

現在、日本のタオル産業は、中国をはじめとするアジア諸国からの廉価商品の輸入急増を受けて、国内生産が落ち込み、事業所数が減少の一途を辿るなど、最大の危機に直面している。中国をはじめとする低価格商品の大量流入によって、国内マーケットにおけるタオルの輸入浸透率は二〇〇〇年の五七・五％から二〇一五年には七八・七％へと大幅にアップしている。こうした現状を招いた原因としては、まず、これまで指摘されてきた課題解決のための自助努力が足りなかったということが挙げられる。とくにエンドユーザーのニーズにあった商品開発、流通改革への取り組みなど、時代への適応が遅れたことが最大の原因であるといわれている。

②　危機に直面

現社長が家業を継いだ一九八三年頃の池内タオルの売上は約二〇％が米国への輸出で、残りは国内での売上であったが、そのビジネスモデルは、問屋からの生産委託であった。すなわち問屋は、ほとんどをコストのかからない中国やベトナムに生産を委託し、国内委託はわずかであった。そのような状況のなかでも池内タオルはその年商の七〇%を問屋に依存していたが、その問屋が二〇〇三年に倒産し、二億四千万の売掛金の焦げ付きが生じ、総計で約一〇億の負債を抱えてしまったのである。二〇〇二年の倒産直前の池内タオルの自社ブランド売上は七〇〇万円程度で、全売上に占める自社比率は二〜三%にすぎず、他社ブランド製品の生産をするOEM企業（Original Equipment Manufacturer）であった。このような自社売上の多くをOEMに依存することは、大きなリスクとなる。

一般にOEMを採用すると効果的といわれる時期には、次の三つがあるといわれている。

① 市場が立ち上がる時期。製造の技術やラインを持たない企業にとって、自社製造を開始するまでの期間、OEM供給を受ける事で他社との市場投入の差を埋めることができる。

② 市場が成長期を迎えた段階。自社生産が追いつかない時に他社に委託する。

③ 市場が衰退する時期。自社生産から撤退し、低コストで市場への製品供給が可能となる。

また、中小企業など営業力の弱い企業においては、OEM先の営業力を活用できるメリットもあるといわれる。創業者である初代社長時代の池内タオルは、多分こうした考え方に依存し、ＯＥＭによるタオル生産を志向していたと思われる。しかし、リスクマネジメントの視点からは元請け依存になり、きわめて危険なビジネスモデルである。しかも、上のＯＥＭ理論では、「市場が衰退する時期、自社生産から撤退し、低コストで市場への製品供給が可能となる」、「中小企業など営業力の弱い企業においては、ＯＥＭ先の営業力を活用できるメリットもある」とあり、ＯＥＭは弱い企業を助ける救世主のような印象を与える。しかし、この考え方はリスクマネジメントの視点では危険であり、現在の二代目池内タオルの社長は、一見すると弱い企業を助ける救世主のような印象を与えるこのＯＥＭ型ビジネスモデルとは決別する意思決定を下した。ＯＥＭ先を多様化しリスク分散を図るという道もありうるが、同社はその道はとらず、自社ブランドの育成へと舵を取り直す決断をした。

③　OEM企業からの脱却

池内タオルの二代目社長は、倒産前の一九九七年から「世界で一番安全なタオルを作りたい」という思いで、「環境にやさしい」というコンセプトによる自社ブランドを確立したいと考えていた。そして有機栽培綿（有機栽培綿は三年以上、農薬や化学肥料を使わない畑でとれた綿花を、認定紡績工場で紡糸するという極めて厳しいＥＵ規定で作られたもの。そのため、通常の綿価格に比べ、有機栽培綿は三～四倍高い）を使用したタオル製造に必要な電力を風力で賄う（風力発電の電気を購入し製造する）「風で織るタオル」を「ＩＫＴブランド」として確立していったのである。二〇〇二年には、米国の織物品評会で最優秀賞を受賞したことも大きな刺激になっていたと思われるが、ＯＥＭ先にいわれるままの製造を続けていても、東南アジアで生産される安価なタオルとの低価格競争に巻き込まれるだけ、「売りたいものを作るのではなく、作りたいものを作る」ために自社ブランドを売るビジネスモデルへと大きな経営方針の転換を図る決断を下した。

④　環境配慮に伴うＣＳＲ

池内タオルは水についても、環境への配慮を実現している。タオル染色後の灰色の水を、同業七社と共同で運営する排水処理施設で浄化し、「海の水より透き通っている」とまでいわれる排水処理施設を、一九九二年にすでに完成させている。風、水そして有機栽培綿の三つにより、「環境にやさしい自社ブランドタオル」の育成が進んでいく。

ＣＳＲ（企業の社会的責任）という言葉はどんな業界でもよくいわれ、多くの会社が環境報告書まで出している。環境に負荷をあまり与えない業界、例えば金融業界、保険業界などがＣＳＲ、ＣＳＲと声高らかに言いつつ、反面、本業では業績不振、そして不祥事が多い状況を見ると、消費者を軽視しているのではないかとも思えるぐらいである。しかし、例えば車、石油そしてタオルなどの業界では、環境への配慮は本業に深く関わっている。

池内タオルはCSRのためだけに環境問題に力を入れているのではなく、自社商品の売り上げ増大、コスト削減に結びつき、収益力強化に貢献するから環境に力を入れているとのことである。池内タオルのこうした施策はGreenwashing、つまり、うわべだけの欺瞞的な環境訴求ではなく、まさに本物の環境経営である。

⑤　リスクマネジメント具現化のための三要因

本書は、企業の復元力について、いかに外部環境が厳しくなり、危機に直面しても、リスクを直視し、企業の内部資源、とくに企業ビジョン、理念を持続させ、柔軟な思考で克服していくかという点を検討しているが、池内タオルはまさに、こうした三要因を具現化している企業といえる。

リスクの直視の面では、東南アジアとの低価格化競争を回避し、OEMという名の下での下請生産では、連鎖リスクは繰り返すという点を確認している。

企業ビジョン、理念の面では、「環境にやさしい」というコンセプトを明確なビジョンとして打ち出し、水、風、オーガニック・コットンの三つの面で実行している。池内タオルの経営ビジョンでは、次のように明確なメッセージが示されている。

母親が自分の命より大切にする赤ちゃんに安全なタオルを届けたい！
①最大限の安全と最小限の環境負荷。地球環境との調和が商品開発の基本です。
②〝オリジナルであること〟を念頭に、社員一同が納得いく製品作りを方針にしております。
③安易に買換えを促進するような即物的な商品作りは、弊社の方針にはありません。

柔軟な思考の面では、こうしたビジョンやリスク直視を踏まえた上で、自社ブランドによる高価格化戦略の実施、機械のみによる生産工程から手作業の実施（裁断工程面では有機栽培綿を使用しているために、はさみによる裁断の方が不良品を抑えられる）、コンピューターによる生産工程のシステム化、少量単一製品を世界マーケットで販売、ネット販売を重視などの戦略が考えられる。こうした三つの面を上手くブレンドさせたのは、池内タオルの二代目社長のリーダーシップによるところが大きいといえる。池内氏の危機克服は三つの面を適切にブレンドさせていったからだともいえる。

池内タオルのその後の業績は、次の通りである。二〇一〇年二月期の売上三億六千万円、自社ブランドの売上率は九五％を占めている。倒産前の売上は八億であったが、内容は異なる。もし同社が連鎖倒産という危機に直面していなかったら、そして前頁で見た三つの思考がなかったら、池内タオルの今日はなかったと思う。

二〇一二年三月、筆者は池内計司氏とお会いし、いろいろとお話を伺うことができたが、その際、筆者の質問に対し、一四八頁の「三つの思考がピタッと合い、危機を乗り越えつつある」という表現をされた。復元力のあるリスクマネジメント思考の下で、二〇一五年には年商五億に達している。こうした発展は、今治の地域活性化にも貢献しているといえよう。

（2） 酔仙酒造：震災からのレジリエンス

酔仙酒造は陸前高田市と大船渡市の八つの造り酒屋が、一九四四年に合併した「気仙酒造」が前身である。看板銘柄の「酔仙」は、二〇〇七年と二〇〇八年に全国新酒鑑評会で金賞を受賞した。その後、中国に販路を拡大するなど新規事業に乗り出していた。

しかし、二〇一一年三月一一日に発生した東日本大震災により、社員と役員計六〇人のうち七人が死亡。従業員を三月三一日付で解雇せざるを得ない状況となった。物的損害は木造四階建ての倉庫および全ての建物が一五〇本のタンクもろとも水面下に沈み、壊滅的被害を受けた。津波で酒造施設の全てを失ったのである。

同社社長は当時を振り返り、次のように述べている。「じっとしていると、心が壊れそうでした。正直、もう終わりだと思った。このまま終わりにするか、もう一歩前に進むか、二日、三日と悩み続けました。しかし、震災から数日後、瓦礫の山から突き出した鉄骨に、酔仙と名前が入った樽がぶら下がっているのを偶然見つけた時、それが単なる偶然ではなく、誰かが自分たちの背中を押しているように思えた。津波で全てを失ったにも拘わらず、この偶然、引っかかった酒樽が〝酔仙ここにいるよ！〟と頑張っているようで、見えない力が酔仙の「復興」に向けて背中を押しているようだった」と述べ、復興への意思を固めた時の心境を語っている[6]。次の写真がその時のものである。

社長の発言に、「見えない力が復興の後押しをしてくれているようだった」という表現がある。これは筆者の理解では、社長が偶然見つけた瓦礫の山から突き出た鉄骨にぶら下がっている酔仙と名前が入った酒樽が、酔仙の存続の意義を視覚に訴えて思い出させてくれたのではないかと思う。それと同時に、同社の経営ビジョンである「清酒の製造と販売を通じ、その技術と文化を後に残すこと。酔仙の目指すものは良いお酒を造り、それを召し上

瓦礫から偶然出てきた酔仙酒造の酒樽
（出典）同社HPより。

がったお客様が良い気持ちになるよう、その技術と心を人から人へ伝え続けること」も、社長の頭によぎったのではないかと思われる。

筆者はこの事例でも、すでに検討してきた「仕事の意味や企業存続の意義に関わる基本的原理」であるスピリチュアルなものを見出すことができる。

こうして酔仙酒造は、復興への一歩を踏み出していく。津波で醸造施設の全てを失った酔仙酒造は、醸造を再開するにあたって仮の工場を探す必要に迫られていたが、ここでも大きな力に背中を押された。それは、同業他社であり酔仙酒造と同じく岩手県酒造組合に所属する「岩手銘醸株式会社」の協力である。岩手銘醸社の協力で、酔仙酒造は岩手銘醸社の伝統ある醸造施設を借り受けることができるようになったのである。復元には「サポーターの存在」が必要であるが、こうした同業他社、しかもライバル会社からの支援を受けることができたのである。同業種で酒文化を互いに伝えていこうとするスピリッツを感じることができる。

二〇一一年九月には新酒の仕込みを開始し、今期の醸造を始める。二〇一二年八月には新工場「大船渡蔵」が完成し、酔仙酒造は復興への道のりを着実に歩き出した。

酔仙酒造の復元に関わるもう一つの事項は、柔軟な思考でのマーチャンダイジングであろう。すなわち自社ブランド製品を、被災前の二〇〇近い商品から大幅にしぼり、主力商品の

「雪っこ・上撰・純米酒・連続式焼酎」など二〇アイテム以下に抑えて販売再開したことである。もう一つの柔軟な思考は、被災地応援ファンドの活用である。一口約一万円（五千円の義援金と五千円の投資金）のファンドを多数の人から募り、経営資金の一つにしようとするものである。当時の参加人数は七九六人、募集総額は三〇〇〇万円であった。投資と人々の志を合体させた仕組みを活用する試みである。

酔仙酒造の社長は当時を振り返り、いくつかの教訓を述べているが、特に復元力との関連では、①家族、社員、地元、日本中からの支援に感謝したいこと、②被災時には、会社として地域に何ができるのかを想定し訓練しておくこと、③非常時に適切な行動がとれるよう、社員には人間力が鍛えられるような社員教育をしていくこと、④家、会社はどういう自然災害リスクにさらされているかを事前に冷静に想定し、対応しておくこと、などが示されている。[7]

東日本大震災による壊滅的損失により生じた「じっとしていると心が壊れそうでした。正直、もう終わりだと思った」というネガティブな感情の悪循環から脱出させてくれたのは、瓦礫の山から出てきた酔仙の酒樽であった。そして、心のサポーターとなる多くの支援者（家族、社員、地域の人、ファンドへの出資者、そしてライバル企業も）への感謝の気持ちがネガティブな感情をポジティブな感情に移行させてくれ、復興への道を歩み続けてこられたのではないだろうか。こうした逆境経験をもとにいくつかの教訓を得た同社にはレジリエンス力が確実に備わったといえる。

(3) コマツ：現実直視、部品の標準化、ITの活用による柔軟思考と関係者との信頼向上

様々なリスクが企業経営にマイナスの影響と与える今日、経営者はややもすると企業危機の原因を厳しい外部環境に求める傾向があるが、コマツは最近一〇年間に二度の危機を、現実直視の姿勢と柔軟な思考により見事に乗り越えている。

① 二〇〇一年度における一三〇億円の赤字

一九二一年設立の建設機械・重機械メーカーのコマツは、現在、日本でのシェアは一位、世界では米国のキャタピラー社に次いで二位である。ビルやダム、道路などインフラの整備に使用されるブルドーザー、油圧ショベル、ダンプトラックなどの開発・生産・販売がコマツの業務であるが、経済の発展に先駆けてこうしたインフラ整備のために使用される商品を扱っている。それだけに国内および世界の需要動向を常に読み、経営に及ぼすマイナス影響とチャンスを読みながら臨機応変に対応しないと、経営リスクのマネジメントは出来ない。

同社の最近一〇年間の第一の危機は、二〇〇〇年ごろのITバブルの崩壊、二〇〇一年の

図表6－1　コマツの経営構造改革の成果

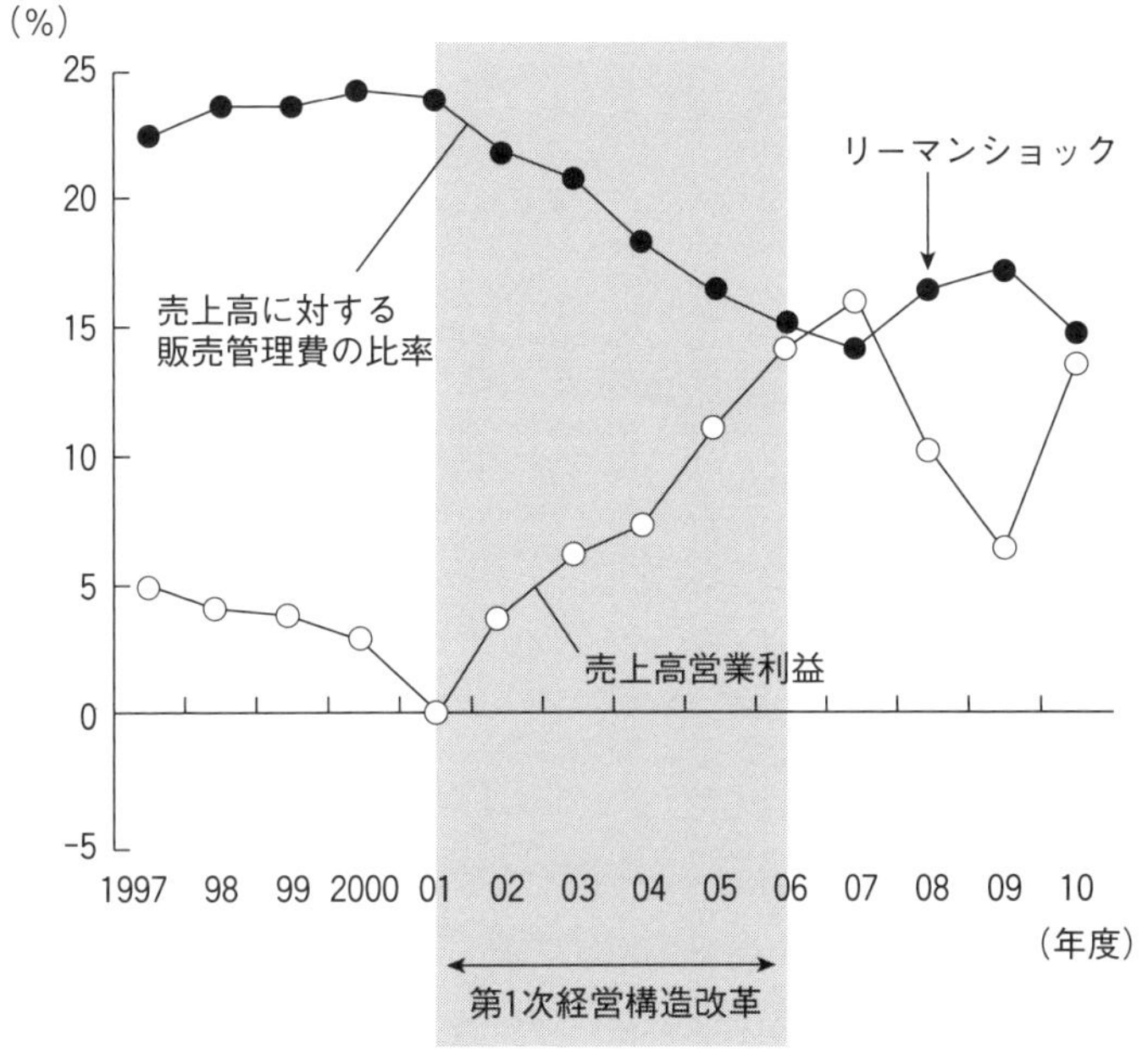

(注) グラフは建設・鉱山機械部門の数値。また、2010年度は4～12月の数値。
(出典) 坂根［2011］78頁。

同時多発テロの発生、原油価格の下落、国内での公共事業への投資抑制傾向の高まりなどの外部環境下において発生しており、二〇〇二年三月期の営業数字は一三〇億円の赤字を出している。同社の当時の社長、坂根正弘は二〇〇一年に社長に就任したばかりだったが、赤字の原因を外部環境の厳しさに求めるのではなく、全世界の工場のコストをじっくりと探り、高すぎる固定費（人件費や設備償却費など）にあることを突き止める。無駄な事業や業務が高い固定費を生み、それが赤字の原因になっていたと判断し、次に検討するような施策を打っていく。

具体的には多くの子会社の赤字体質を許す体質が問題であると判断し、不採算事業や業務の見直し、子会社の統廃合（三〇〇社あった子会社を一年半で一一〇社に減らす）、希望退職の実施（退職者一、一〇〇人、子会社への出向者一、七〇〇人で、二万人近い社員のうち一五％近い社員が対象）など、痛みを伴う大きな手術に乗り出す。

コマツの特にトップの意思決定で望ましいのは、「企業経営の苦しさを単に外部環境だけのせいにしないで、自社の問題点を直視しようとした」、また「外部の部品メーカーなどに値下げをさせたり、社員の賃金をカットして、赤字を埋めようとしない」、「自社の強みである研究開発部門の費用を削ったりしない」など、自社内部の問題を直視し、それへの対応が適切だった点がある。そして、上で見た無駄な事業や業務が高い固定費を生み、それが赤字の原因になっていた点への対応を行うとともに、企業内部に関するリスクと経営を見える化していった点（無駄な事業や業務に関する事実の見える化や子会社の決算集計の遅れを数値化し、全体の決算発表の迅速化を図る）など、企業を復元させるための手段が矢継ぎ早に実行された点も優れている。

坂根社長（現相談役）はこれを構造改革と呼び、右記で見た方向での手を打っていき、非常に短い期間（二〇〇一年から二〇〇二年にかけて）で、人件費一〇〇億円削減、固定費四〇〇億円の削減に成功する。この間、コマツを取り巻く外部環境は全く変化しておらず、二〇〇一年の赤字からわずか一年半後の二〇〇二年には三〇〇億円の黒字に転化している。

こうした対応をリスクマネジメント視点から見ると、置かれている企業環境分析のうち、企業内部に関する状況を冷静に「事実の発見」から始めていることである。ITバブルの崩壊、二〇〇一年の同時多発テロの発生、原油価格の下落、国内での公共事業へ投資抑制傾向の高まりなどの外部環境の大変化による危機に襲われるたびに、全社をあげて企業内部の体質改善に取り組み、徐々にグローバル企業としての力を蓄えていった点である。

こうした取り組みは、現代的なリスクマネジメント・プロセスでは最初の段階である「状況の把握」に関する事項にあたり、自社の理念、目標の再確認、強みと弱みの分析、利害関係者の分析などが行われなければならないが、まさにそのプロセスを経て、次のリスク発見、コマツの場合は企業内部の無駄な事業や業務の発見を行い、そこにメスを入れていき、多額の赤字を短期間に黒字に転化していった。

②　二〇〇八年後半から二〇〇九年にかけての世界金融危機による需要の七割減

二〇〇八年のリーマンショックは世界全体に大きな影響を与え、この時期トヨタでさえも赤字転落をしている。建設機械市場は景気の影響を非常に強く受ける市場であり、建設機械の売り上げは二〇〇八年後半から二〇一〇年にかけ急減していく。二〇〇八年の第四四半期には需要が七割減ってしまう状況に至る。二〇〇一年に次ぐ二回目の経営危機である。

コマツはこの状況に対し、メーカーやディーラーの在庫の調整、具体的には生産のストップを行うという短期的対応とともに、次に見る企業の復元力特に柔軟性や見える化を図って対応に転じていく。

第一の対応は生産ラインの効率化である。具体的にはホイルローダー（土砂などをダンプカーに積み込む機械と）とモーターグレーダー（道路の整地作業を行う機械）という二つの機械の生産を、これまで別々の生産ラインで行っていたが、経済危機の状況下、これらをほぼ同一のメインラインで生産することができるようにし、生産効率を大幅に上げることにまずは成功する。

第二の対応は、一九九〇年代半ば頃から実施されている商品の設計図および仕様書の共通化が今回の危機で貢献した点である。設計図は世界に一枚しかなく、部品の仕様書も共通である。このことで開発コストや部品調達コストを削減できるだけでなく、各国や地域の需要や為替を見定めながら、出荷先を自在に変えられる利点がある。この点は単にコスト面だけではなく、リスクマネジメントの視点から特に部品や商品の互換性の構築という点で、柔軟性を向上させる大きな利点となった。

第三の対応は、二〇〇一年からコマツの建設機械に標準装備導入されている「コムトラックス」と呼ばれる情報システムによる対応である。このシステムにはGPS機能があるほか通信機能を利用し、機械の位置情報、稼働状況、稼働時間、燃費などが日本のデータセンターに送られ、在庫管理、債権管理、生産計画、それに需要予測が日本で可能となるものである。機械の稼働状況は各国の景気、政策など多くの要因により影響を受けるが、このシステムからの情報により早期に状況把握ができ、そのことがリスクの早期発見に結び付く。このシステムと第二の対応、つまり標準化された部品や仕様書により商品が容易に生産できるようになることで、コマツは景気変動に強い企業になる。ITと経営管理、経営リスクのマネジメントの融合ともいえる。

上で述べた第二と第三の対応により、金融危機後、コマツは世界市場を見定めたリスクマネジメントを行っていく。例えば、北米市場の需要は激減したが、それをこうした第三の対応で早期に発見して北米工場での操業を下げ、第二の対応で述べた標準化された商品でタイ工場に増産の指示を行い、アジアでの集中生産を行ったのである。また欧州の債務危機でユーロ安が続くと、英国工場の油圧ショベルの多くが北米に渡るようにする。このように国、地域の需要、為替の動き、競合他社の動向を踏まえて出荷先を自由に柔軟に変える相互供給が、金融危機によるマイナス・インパクトを弱める効果をもたらした。

コマツの二〇一四年度の地域別売上を見ると、いかに同社が世界を相手に企業行動をしているかがわかる。例えば世界の各市場での売上高に占める割合は次のようになっており、リスクの分散が図られている。日本一九%、北米一九%、欧州八%、アジア・オセアニア二〇%、中国六%、中南米一五%[8]。世界のどこかでコマツに好ましくない影響を与える出来事が生じても、早期に発見し、それを効果的に転化できるハード面と情報力が備わっており、それが同社を復元力の強い会社にしている。

第四の対応は商品開発に関する要因である。坂根元コマツ社長は社長就任当時、今後の新商品の開発にあたり、「ダントツ」な商品つまり「競合他社が三~五年かけても追いつけない際立った特徴を持つ商品」、「燃費、静粛性などの面での向上(特に燃費に関しては二〇%以上の改善が必要)」、「安全性、情報技術、環境への配慮」などをクリアした商品の開発を全社に命じる。これまで事実発見という思考を重視してきたコマツは、商品開発の分野でもそれを生かし、二〇〇三年以降、「ダントツ商品」の導入に成功し始める。新車売り上げに占める「ダントツ商品」の占率は、二〇〇八年には五〇%を占めたといわれている。

同社を強くしている要因はもう一つある。それは次に示すソフトな要因で、今回の世界金融危機への第五の対応にもなっている。

第五の対応は、コマツの部品を納入する協力企業「みどり会」との従来からの信頼、絆の存在である。約一六〇社の企業で構成された「みどり会」企業が商品の大半の部品を作っているが（七割以上）、彼らとコマツとのこれまでの信頼関係が危機を乗り越えたもう一つの力になっていた。協力企業の多くは板金、金属加工が主力であるが、彼らの売上高に占める利益率は約七％を示しており、この数字は上場企業の平均利益率五・四％を超えており非常に高い数字である。

協力会社への積極的な外注、その後の指導、協力企業への経営計画を含めた十分な情報開示、利益の相応な配分などの行動がコマツと協力企業に強い絆を作っている。リーマンショックは双方に厳しい試練を与えたが、コマツの設備や部品の買い取り（買取総額は三三億円といわれる）などによる支援で、苦境を乗り切ったのである。

コマツの元社長坂根氏は、外部環境に大変化が起こり、危機に襲われるたびに全社を挙げて体質改善に取り組み、徐々にグローバル企業としての力を蓄えていった趣旨のことを記しているが、リスクマネジメントについても、決してリスク処理を先送りしない旨のことを明言している。社内でのバッドニュースをいかに早く上に吸い上げ（早期発見）、いかに早めにリスク軽減、リスク転化を行うかの重要性も坂根氏は強調しているが、コマツの事例は、優れたトップを中心とした会社全体での柔軟な思考がリスクへの多様な対応を生み、危機を克服していった状況を示してくれた好例である。

(4) イーグルバス：ソーシャル・リスクへの挑戦

すでに指摘したように、日本の企業は一日あたり約九七社の企業が倒産・廃業している。一時間あたり、四社の倒産・破綻である。倒産原因の研究だけでは、企業に学習力がない限り企業倒産は繰り返す。むしろ倒産原因の本質的・根源的要因を検討していくと、企業が逆境から這い上がる復元力の要因と倒産の本質的・根源的要因とがほぼ一致していることがわかる。そして、こうした要因を企業が学習し醸成していくことにより、企業には逆境からの復元力と同時に持続力が醸成されていく。企業に復元力と持続力が兼ね備わって初めて社会への貢献が可能となる。

ここで検討する事例は、埼玉の地域住民からの強い要請により路線バス事業に進出したが、見えない路線バス経営リスクにさらされ、赤字が続いた事業を復元し、他の地域や他国にそのビジネスモデルを伝授しつつある「イーグルバス」の事例である。(9)

① イーグルバスの社歴と置かれた状況

イーグルバスは一九八〇年設立。川越市に本社および本社分室をおき、三営業所、社員一八〇名、資本金五、〇〇〇万円の小規模なバス会社である。大手西武バスが運行していた「日高・飯能路線バス」が赤字撤退することを受け、地元からの強い要請に応え、二〇〇六年に同社が引き継ぐ。路線上には一、九〇〇戸が入る大規模団地があるが、高齢化が進み、利用者が減る一方であった。過疎地ではないので、行政からの補助金はない。いままで通り運行していては、毎年赤字の垂れ流しになることは確実であった。事実、最大で年七千万円の赤字で、他の事業（観光バスおよび送迎バス事業）の利益も吹き飛んだといわれている。

地域の過疎化、そこに住む高齢者の移動の問題は高齢化社会が進んでいる日本のまさにソーシャル・リスクである。打算的な計算から撤退した大手バス会社にかわり、イーグルバスは次のような企業理念に基づき、この地域での運行をスタートした。

②　企業理念

柔軟な発想で新しい価値・市場を創り出すことを基本とし、次の五つの理念をかかげている。

①創客（徹底したマーケティング・リサーチから新市場、付加価値を創出する。）
②革新（先端技術・サービスを投入して効率化を実現し、顧客の利便性を高める。）
③仕事を通じての社会貢献

④乗務員の安全教育を第一に、サービス教育も徹底的に行い感動を与えること
⑤信用（長年の経験と実績のもと、実績と信用を誠実に積み上げていく。）

こうした理念の内、特に③の理念である社会貢献を現実のものにするため、①の理念の徹底したマーケティング・リサーチから新市場、付加価値を創出、②の理念の先端技術・サービスを投入して効率化を実現し、顧客の利便性を高めることにより、同社は不確実性の高い新規事業に参入したといえる。

イーグルバスの経営者である谷島賢は「日本のバス事業の八割が赤字といわれる。採算だけで切ったら、地域を支える交通網はなくなり、雇用も消える。赤字は問題だが、地域や人のことを考えないわけにはいかない。無駄を省くという経済思考、経済利益だけではなく、需要、地域、人との折り合いが大切。私たちの事業が地域に活かされ、地域を活性化できたら、これほどうれしいことはない」と述べている[10]。

③ 路線バス事業のリスクの高さを直視

路線バス事業は、とりわけ中身が「見えない」というリスクに直面している。例えば、路線バスは一旦車庫を出ると、「定時運行しているのか、混雑状況は、ダイヤは効率的か、利用者のバス事業へのニーズは、」などの面で見えないリスクに常に直面している。そこでリ

スクを「見える化」しようというのが改善のスタートであった。

具体的には次の三つの面での「見える化」によるリスク・コントロールである。①運行の見える化：埼玉大学と協同でGPSと乗降センサーによるバスデータ取得、車内アンケートの実施、②顧客ニーズの見える化：社内アンケート、住民意識調査、③コストの見える化：一台、一ダイヤごとのコスト単位から一分、一キロ単位に変更他のリスク・コントロールを実施していく。これらのリスク・コントロール策には、①の主にハード面や、②の主にソフト面が含まれている。

④　柔軟な思考

コストを上げずに本数を増やすため、町役場の隣に「ハブバス停」を設置。ハブ空港と同じ原理で、そこから主要駅への路線だけでなく、大野地区、椚平地区といった過疎地域にはデマンド方式（通勤時間帯は定時運行）で、小型バスやワゴンバスを往復させるようにした。

その結果、路線バスへの参入から三年後の二〇〇九年以降、目に見える成果が出始め、二〇〇六年以前の一日七五〇人から八五〇人へと乗客が一〇〇人増えた。過疎地域の住民にとって、従来は一時間に一本だったバス運行が、一番多いところで三〇分に一本という驚異的な頻度を実現した。さらに、観光客の取り込みに成功したことも相まって、乗客数は再編前

図表6－2　４社の復元力の根源的要因

社名	リスク直視	企業ビジョン・使命	柔軟思考・戦略
池内タオル	＊＊	＊＊＊	＊＊
酔仙酒造	＊＊	＊＊＊	＊
コマツ	＊＊	＊	＊＊＊
イーグルバス	＊	＊＊	＊＊＊

（注）＊＊＊＝非常に重視、＊＊＝かなり重視、＊＝重視

に比べて一・二倍に跳ね上がった。最近では全国からノウハウの提供を打診されるようになっている。

例えば、二〇一二年九月から地元の川越市と北海道のバス会社へのコンサルティングをスタート、海外（東南アジア）からの引き合いも来ている。

(5) まとめ

以上四社の事例分析から、各社の復元の根源的要因を見ていくと、①リスク直視力、②逆境下でも企業理念をいかに持続化させるか、③柔軟思考と戦略との連動、が各企業の復元力の源泉になっていたと考えられる。これら三要因が復元力に与えた影響度には違いがあろうが、筆者の分析では図表6－2にあるように捉えた。

図表6－3　復元力と持続力を生む施策の方向性

リスク直視	• リスク意識、危機意識の共有（リスク教育、リスク学習、各社のみならず、業界、地域全体で行う） • 脆弱性の見える化 • リスク・危機に対する強い文化、体質作りを目指す
ビジョン・使命	• 社会的課題の解決に結びつくビジョンや使命の共有と企業行動、商品化 • トップと社員その他との信頼感の強化
柔軟思考・戦略	• マニュアル主義からの脱皮、全体最適の思考 • タイムリーな情報 • 社員や関係者の自由な発想を生む土壌

3　復元力と持続力を生む施策の方向性

それでは次に企業が普段、復元力の根源的要因であるこれら三要因を醸成するための思考や行動を、どのように実施するかを検討する。

図表6－3は、復元力と持続力を涵養するための施策の方向性を示したものである。

(1)　リスク直視力

四社の経営トップは、いずれも経営危機発生後、リスクから逃げず経営リスクを直視し、新たなリスクをとりつつも、危機を他の二要因すなわち経営ビジョンと柔軟な戦略とにより克服することに成功している。危機から逃げるのではなく、危機に挑戦するという姿勢であるが、こうしたリスクに強い企業体質を醸成するには、普段からのリスクに対する鋭敏な感性や社員とのリスク情報の共有が重要である。現場とのリスク情報の共有により、社員全員による自社の脆弱な箇所の発見とともに、チャンスの可能性についても同時に把握し、マイナス・リスクへの対応とチャンスの可能性への対応を準備することが肝要である。

(2) 企業ビジョン・使命

企業トップの「会社とは何か」の企業哲学や、商品・サービスの提供（本業）を通じた企業の使命の実行が重要である。例えば「会社とは、幸せを分かち合う組織体であり、本業を通じた利害関係者の物心両面での幸福の追求という」企業理念が会社に共有されている場合、企業危機を乗り越える力が涵養されていく。特に、本業を通じ地域や社会問題の解決に寄与するケースの場合には、経営危機への克服力は強いものとなる。本章でのイーグルバスの事例がその例である。

(3) 柔軟思考・戦略

企業理念が浸透され、リスク直視力があっても、商品やサービスが社会に受け入れられなくては、企業に復元する力は生じない。ここで、企業戦略面での柔軟な思考が求められる。

コマツのコムトラックス（GPS機能や各種センサーが付いており、機械の居場所や稼働状況、燃料の残量といった情報がお客様、代理店、コマツのセンターに入ってくる仕組み）というITシステムはまさに、ITが経営の効率性を向上させた好例であり、それも柔軟な発想から生まれている。企業内の柔軟な発想は、企業トップを核とした自由な企業風土や透明性のある企業文化から生まれる。マニュアル主義をベースにしたリスク対応力にはもろいものがあり、特に想定外のリスクには脆弱である。

注

（1）井上［二〇一四］主に第一章参照。
（2）㈶企業共済協会［二〇一五］。
（3）上田［二〇一四］。
（4）初代経営者が他界された直後に、現社長の池内計司氏が家業を継がれた。本事例は上田［二〇一四］および池内氏への聞き取り調査による。
（5）池内［二〇〇八］『日経ビジネス』［二〇一〇年五月三日］五二‐五四頁参照。
（6）金野［二〇一三］五‐六頁および酔仙酒造のHP《suisenshuzo.shop-pro.jp》（2016.5.29）参照。
（7）金野［二〇一三］参照。
（8）コマツHP《komatsu.co.jp/companyInfo/ir/annual/htm/2015/summary/corst》（2016.5.29）参照。
（9）本章の検討では主に、イーグルバス株式会社HP《www.busmap.jp/saitekika/2011_1 saitekika.

pdf》、および『日経ビジネス』二〇一一年五月一七日を参照にしている。
（10）東日本旅客鉄道『トランベール』二〇一三年九月。

第7章　レジリエンス思考のマネジメント・プロセス

本書で検討しているビジネスにおけるレジリエンス力については、単に危機に強い企業という視点からだけではなく、さらに社員や利害関係者の幸福感も持続させるにはどうすればいいのかという視点からも検討している。本書では事例や理論面の検討を通して、レジリエンス力に必要な諸要因を指摘してきたが、終章では、ビジネス・レジリエンス力の多くはコントロール可能なものであるという視点から、ソフトな面である社員や経営者の内面からみたビジネス・レジリエンスに関わる重要な要因を踏まえて、ハードな面に関わる具体的施策も必要に応じ付加しながら、レジリエンス思考のマネジメント・プロセスとそのチェックポイントを検討する。

最初にビジネス・レジリエンスのマネジメント・プロセスを示し、次に各プロセスにおいて重要なレジリエンス思考を指摘する。そして、これら各プロセスにおける考慮要因をレジリエンス思考時のチェックポイントとして検討する。

1　ビジネス・レジリエンス・マネジメント・プロセスとは

経営者や社員のレジリエンス力を起点として、企業のレジリエンス力を向上させるマネジメント・プロセスを示したのが図表7－1である。ビジネス・レジリエンス・マネジメント・プロセス（以下、ＢＲＭＰ）の使用の仕方は、企業が平時において、ＢＲＭＰに示されている諸要因がどの程度、備わっているか、備わっていない場合にどうすればそれが可能なのかという、チェックポイントとして用いることが有効である。

ＢＲＭＰの第一段階は、レジリエンス土壌の分析である。自社には、危機に強く、かつ社員や利害関係者を幸せにし得る土壌がどの程度あるのかを分析することから、このＢＲＭＰは始まる。

ＢＲＭＰの第一段階では主に経営者が関わるべき諸要因、しかもその多くは目に見えないが極めて重要な精神資産を含む無形価値の要因の分析が重要となる。具体的には、次の諸項目のレビューである。

図表7−1　ビジネス・レジリエンス・マネジメント・プロセス

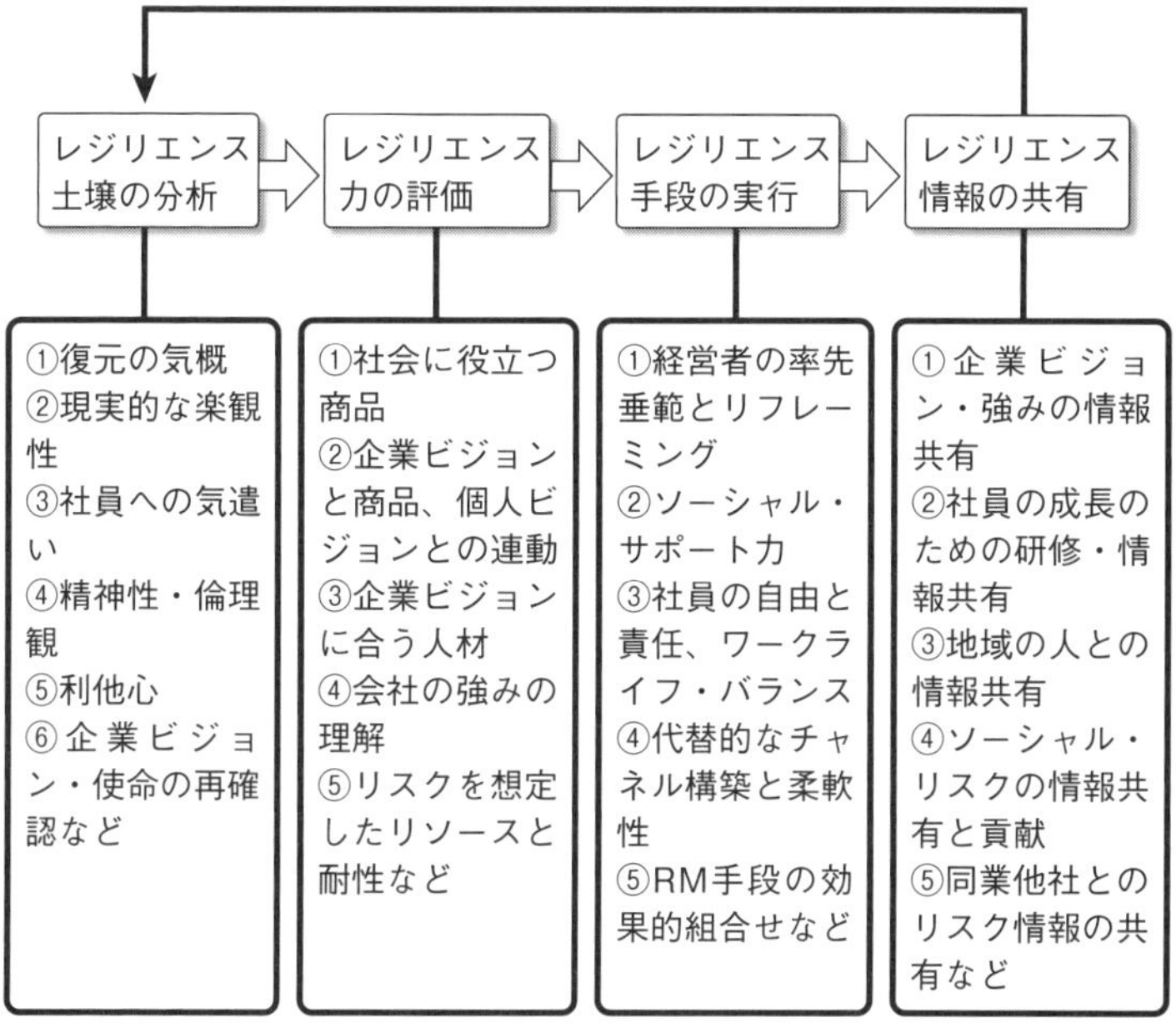

2 レジリエンス土壌の分析

(1) 経営者の復元にかける気概・熱い思い

自社に危機に強いレジリエンス力の土壌があるかどうかは、一言でいって経営者の再起、復元にかける情熱、本気度がどれだけあるかによる。社員は企業破綻による不安感でいっぱいである。そうした状況下、経営者は復元のためのシナリオをリスクを直視しながら、社員に説明し安心させることがまず重要である。経営者自身、特に資金対応面でどれだけの貢献ができるかの自己開示はもとより、営業面、商品面、様々な側面での復元にかける具体的シナリオの開示により、経営者の復元のための気概・思いを社員に示し、社員の安心感、信頼を取り戻すことがまず重要である。

(2) 経営者の現実的な楽観性

企業破綻時、経営者の今後の対応や将来に対する見方が悲観的なのか、それとも現実を押さえながらも胆の据わった楽観性を示すのかにより、社員からの信頼や安心感の獲得には差が出る。楽観性とは「将来に対してポジティブな期待を保持する考え方」であり、具体的には逆境下で「なぜそのようなことが起きたのかについての原因分析、どれだけの長さでかつどれだけの範囲で影響するのかという将来の予測に関して思考し、全社員に説明すること」[1]が重要である。逆境状況を現実を押さえながら捉える楽観性が必要であることは、これまでの研究や本書の第三章で検討した内容からもいえる。

(3) 経営者の社員への気遣い

経営者はこれまで社員との関わりにおいて、一人の人間として相対してきただろうか。企業風土が企業行動の多くを決めることが多いが、この企業風土は、経営者が社員をどのように見てきたか、どのように扱ってきたかを見ればわかるといわれている。社員を単なる売上げ向上のための一員としてみるのか、一人の人間としてみて、社員の成長を後押しする形で対応するのかにより、社内の風土や雰囲気が変わる。経営者と社員との平時の関わり合いにより、危機発生時の社員からの信頼獲得や社員の安心感の持ち様が変わる。

(4) 経営者の精神性、倫理感

職場における精神性（スピリチュアリティ）、特に経営者の精神性、倫理観は企業経営の原点である。こうした側面が逆境時に社員や利害関係者からの信頼獲得に結び付く。職場の精神性（スピリチュアリティ）については本書第四章のＳＷＡの事例でも検討したが、「仕事の意味や価値、目的意識を問い直す運動であり、職場における個人の精神的成長や潜在能力の開発を通じて組織としての持続的な成長や成功につながるという信念と実践」である。例えば、同僚の間における気配りの態度、社会的責任の志向性、顧客への強いサービス精神、環境意識の高さ、コミュニティへの貢献活動への深い関わりなどである。(2)

(5) 自利よりも利他

企業は平時において、自己利益よりも利害関係者全体の利益を尊重する気持ちや施策を実行してきただろうか。既に本書第三章で検討したように、自分だけが、自社だけが幸せになろうとすると、幸せは逃げていくといわれている。利他を重んじる姿勢と経営政策が、危機発生後の支援を得る原動力になり、それがレジリエンス力につながる。

競争的市場において、利他を優先させる思考はとりにくいかもしれないが、社員とその家族の満足度、顧客サービス、地域住民などへの気遣いは利他の表れであろう。利他の結果として利益を得、それを利害関係者に還元していく。利他と利益は矛盾しないのである。

(6) 企業ビジョンや企業使命の再確認

これまで経営者は、創業時の企業ビジョンや使命を忘れた経営をしてきたのではないだろうか。逆境時、もう一度、原点に返り、企業ビジョンの再確認を行うことが重要である。このことも歴史が教えてきたことであり、本書の第三章でもこの点を検討している。

3　レジリエンス力の評価

ＢＲＭＰの第二段階は、ビジネス・レジリエンス力の評価である。評価対象は企業ビジョンや使命、商品・サービス、販売、チャネル、人事、リスクマネジメント、財務、戦略（マーケティング、経営）、リスクへの耐性そして人間力を含む多方面に渡る。

(1)　世の中に役立つ自社の商品・サービス

すでに検討したように、「会社とは何か」の本質論からみて、商品・サービスは社会的問題の解決に役立つものかどうかの原点から、既存商品および商品開発ほかを見直すことが重要である。社員からの自由なアイディア、しかもそれが現代の消費者ニーズに合致した商品化が可能なアイディアで、社会問題の解決につながるものかどうかが重要であり、復元力の後押しをしてくれるキーとなる。

（2）企業ビジョンと商品・サービス内容、そして個人のビジョンとの連動

企業ビジョンと商品内容、個人のビジョンとが一致している企業の持続力やレジリエンス力は非常に強い。それらの一致が社員の幸福感を醸成させ、「フロー」状態も生起しやすい。この点についてもすでに事例で指摘した点である。

（3）企業ビジョンと合致する人材の採用

人材採用時に企業ビジョンと合致する人材の採用を心がけるべきである。そうすることで、個人の幸せ感と同時に、仕事面でのパフォーマンス向上も期待でき、さらには逆境時のレジリエンス向上にもつながる。

（4）会社の強みの理解と共有

経営者、社員は、自社の競争的市場での強みを冷静に把握しているだろうか。このことに気づかないまま廃業をしている企業が多い。自社の弱みだけを認識するよりも、むしろ強みをさらに拡張・強化する施策を検討すべきである。逆境時の「自己効力感」がレジリエンス力に役立つように、企業の強みを経営者は勿論、社員との間においても共有し、常にその強みに磨きをかけることを忘れてはならない。

（５）リスクを想定した会社のリソースと耐性

どういうリスクが発生したときに、どういうリソース（人、物、情報、有形・無形資産、アイディア、システム、信用、評判他）が自社にあるのかについて、事前に検討しておく必要がある。リスクマネジメントは「プロ・アクティブ」思考つまり、「リスクを想定し、事前に手を打っておく」という思考が非常に重要である。そのことによって、慌てないし、コストもかからないことになる。

企業内にリスクを想定したマニュアルがあっても、特に想定外のリスクが生じた時の企業対応は機械的なものになりがちであり、効果的な対応は期待できない。単純な機械的な対応を修正し、レジリエントな対応を行うには「リスク対応に関して広範で多様な対応レパートリーを多く持つこと（したがって柔軟思考が必要）」、「既存のやり方を効果的に再組み立てをする能力」、「情報の共有能力」、「大混乱下でも感情を制御できる十分な能力」がなければならない[3]。

第一章で検討したようにリスクには発生頻度とインパクトがあり、両者の積がダメージの大きさを示す。どういうリスクがマネジメントに影響を与えるのか、あるいは商品の生産に影響を与えるのか、自社のリソースでどれだけ対応できるのかなど、リスクへの企業耐性をリソースを踏まえて検討し、事業の継続性と復元力を管理していくことが非常に重要になる。

4 レジリエンス手段の実行

第三段階はレジリエンス評価項目の実行である。第二段階での評価項目の実践を行うとともに、さらに次のような点での実行が必要となる。

(1) 経営者の率先垂範とリフレーミング

逆境下にあるときは、特に経営者の行動力が重要になり、資金対応は勿論、商品開発、クレーム対応、販売など、マーケティングや経営面における経営者自身の行動力が問われることはいうまでもないが、復元と成長を目指すには社員の内面に訴求する思考として、より重要な思考法がある。

それは「リフレーミング」(Reframing)といわれるものである。「リフレーミング」とは、心理臨床分野で使われている言葉である。バンドラーとグリンダー(R. Bandler and J. Grinder)は、「リフレーミングは、創造の非常に重要な要素である。それはありきたりの事柄を、有益な、あるいは楽しい枠組みに置き換える能力である」[4]といっている。わかりやすくいえば、視点を変えることにより、それまで見逃していた可能性を自らの中に見出し、何ができるのかの発見を促すという役割である。[5] いうまでもなく、この役割は経営者が担い発揮しなければならない。

例えば、はとバスは一九九〇年代後半、四年連続で経常赤字を計上し、借入金が七〇億円にまで膨らんだどん底状態にあった。そこから一〇年かけて復元したが、その時に「リフレーミング」が、はとバスの復元に貢献した思考であるという指摘もある。これまでの仕事のやり方に感じた違和感を見過ごさずに、その見直し（例えば、商品とパンフレット、オペレーションの見直し、プロモーションの見直しなど）を、「お客様の満足」を第一に考えることから始めた。「お客様が利用しやすい定期観光への改革」をはとバスの中に用意されているリソース[6]に真摯に向き合い、活かしたことが同社の再生につながったといわれ、この局面で「リフレーミング」が大きな役割を果たした[7]といわれている。これも、はとバスの復元に貢献した思考法である。

(2)　ソーシャル・サポート力、ネットワーク力

普段からのネットワークによる情報共有を通し、利害関係者との「つながり」の構築が重要である。利害関係者の中には同業他社が含まれることもある。自然災害リスクによる被災で壊滅的被害を受けた酔仙酒造が、同業他社からの支援を受けたケースは既に検討したが、こうしたサポートも、「競合ではあるが良きライバルとしての普段からの信頼関係」から生

じるのであろう。この点については、次の（４）にある「リスクを想定した代替的なチャネル・ネットワーク」とも関係している。

ソーシャル・サポートは、社員とともに利害関係者にサポートを提供し、かつ受け取るという、双方向の支えを築くことが重要である。サポート・ネットワークの有効活用を通じ、相手への共感を示し、復活のプロセスを社員一同、共に歩むことができる。

(3) 社員への自由と責任の付与

すでに指摘したが、「フロー」を生むには社員に権限を委譲することが重要である。仕事の仕方において、それが拘束的に社員をコントロールするものではなく、仕事の遂行方法に選択の幅があり、最善の方法を見つけられるチャンスを社員に提供することが、信用と新たなアイディアを生み出す。ワークライフ・バランスなどは、その一つの方策である。こうしたことは、社員と会社との信頼関係を向上させる。本書では、ＳＷＡ社においてその事例が検討された。また「フロー」理論において、その重要性が言われている点も指摘した。

(4) リスクを想定した代替的なチャネル・ネットワークと柔軟思考

大地震、津波、洪水などの自然災害リスクの発生により、原材料・部品などの調達リスクが顕在化すると、事業の継続がストップする。経営者が最も憂慮すべき事態である。事業中断リスクに対する耐性を、サプライ・チェーン・リスクマネジメントの視点から検討しておくべきである。例えば、部品の標準化、稼働状況の見える化などは本書第六章のコマツの事例でも、柔軟な思考によるレジリエンス力の問題として検討された。

また、サプライヤーの複線化、生産地の分散化も検討すべきである。ただコストの観点からは、こうした諸方策が高くつく場合があり、個別企業から見れば競争力の低下にもつながる場合がある。リスクの特徴、自社のリソース、社会的責任などを考慮して検討すべきであろう。

また自然災害リスクは特定の会社というよりも、地域、国を襲うソーシャル・リスクである。この種のリスクに関しては、業界全体で協力的な対応を臨機応変に行うことも重要である。

平時には、競合他社とは競合しているが、異常なソーシャル・リスクが発生した場合には、提携の取り決めに基づき提携戦略を実施する。通常は、競合他社としてお互いに競争しながらしのぎを削るが、予想しない甚大なソーシャル・リスクが発生したときには、自社の利益を超えて地域の利益を優先させパートナーとなって提携し合い、助け合うことが非常に重要になる。

そのためには、（2）でも述べたが、普段からお互いの存在を認め合い、ライバルとして、あるいは良きパートナーとしての関係性をもつことが非常に重要であり、レジリエンス力につながる。

（5）リスクマネジメント手段の効果的なミックス

ＢＲＭＰの第二段階である「レジリエンス力の評価」で検討したいくつかの評価項目を適切に組み合わせながら同時に実施していくことが重要となる。リスクマネジメント視点では、すでに検討したソフト・コントロールをベースとするリスク・コントロール策にリスク・ファイナンスをも加味させなければならない。リスク・ファイナンスでは単に金融機関だけではなく、広く利害関係者、民間からの資金サポートも、これまでの信頼関係が構築できていれば期待できる。

5　レジリエンスのための情報共有

これまで検討してきたことからわかるように、レジリエンス力の向上には多様な要素が必要となる。それを情報の共有という視点から捉えておくことが重要である。我々は情報により意思決定を下すのであるから、平時からの社員間、経営者と社員間、会社と利害関係者間、会社とコミュニティとの間で、次のような面での情報共有が重要となる。

▼企業ビジョンの再確認と浸透
▼自社の強みの再確認と共有
▼社員の成長機会の提供
▼地域の人々との交わり・情報共有
▼同業他社とのリスク情報の共有
▼地域のソーシャル・リスクの情報共有と自社の貢献他

注

(1) 久世［二〇一五］四六－四七頁。
(2) 中牧・日置［二〇〇九］一六四－一六五頁。
(3) Weick and Sutcliffe［二〇〇七］p.81.
(4) Bandler and Grinder.（吉本・越川訳［一九八八］）vi頁。
(5) 栗木ほか編［二〇一二］三頁。
(6) 心理におけるリソースとは「回復に役立つ来訪者の体験や性向、行動のパターン、認知の仕方、価値観などのすべてを意味する。幅広いリソースを確認することで、必要に応じてリソースを組み合わせて問題解決に取り組む心の働きが生まれる。」（［栗木ほか［二〇一二］七四頁。）

(7) 栗木ほか編［二〇一二］一一八頁。

あとがき

一九七八年の日本リスクマネジメント（ＲＭ）学会の設立からその後の発展に至るまで、約四〇年にわたり心血注ぎＲＭ学及びＲＭ学会の発展に貢献されてきた亀井利明先生（関西大学名誉教授、前日本ＲＭ学会会長）は、がんという病魔に耐えながらも、ついに二〇一六年一月一四日にご逝去された（享年八五歳）。

二〇数冊におよぶＲＭに関する学術書の最後のものは『危機管理と危機突破』（二〇一五年七月）であった。そこにおいて、危機管理論から危機突破論への必要性を主張され、危機突破学を次のように定義されている。

「危機突破学は、危機に直面しないように組織を維持管理し、危機に直面した場合、それに対し挑戦、防衛、撤退などの戦略を講じ、よりよきリーダーシップとマネジメントにより危機を克服することを研究する科学である。」

同書ではレジリエンス問題に関しても触れておられ、次のような趣旨のことを述べておられる。

「数年前から展開してきた危機突破論とレジリエンスが偶然一致した。」

「レジリエンスはなかなか理解しがたい。これを危機突破論に導入するにはまだまだ距離があり、時間がかかる。」

「危機突破論の研究にはそれなりの苦しみやリスクが伴う。学問は常識の批判から始まり、苦しみとリスクを経験して体系化されていくものと思う。」

亀井利明先生にビジネス・レジリエンスに関する本書を献本できなかったことが悔やまれてならない。

知・情・意があり、最後まで挑戦する人であった亀井利明先生のご冥福を心からお祈りします。

上田　和勇

（本書は平成二六年度専修大学長期国内研究員の研究成果である。）

Mitchell, T. and K. Harris [2012], "Resilience: A risk management approach," Background Note, p.1, Overseas Development Institute.
Renn, O. [2008], *Risk Governance*, Earthscon,
Paton, D. [2007], "Measuring and monitoring resilience," in Auckland GNS Science Report.
Rath, T. and J. Harter [2010], *WELL-BEING*, Gallup Press.（森川里美訳[2011]『幸福の習慣』ディスカバー・トゥエンティワン。）
Rutter, M. [1985], "Psychosocial resilience and protective mechanisms," Jon Rolf, et. al. [1993], *Risk and protective factors in the development of the psychopathology*, Cambridge University Press.
Seligman, M. [2011], *Flourish: A Visionary New Understanding of Happiness and Well-being.*（宇野カオリ監訳[2014]『ポジティブ心理学の挑戦』ディスカバー・トゥエンティワン社。）
Slovic, P. [1986],"Informing and educating the public about risk," *Risk Analysis,* Vol.6, No.4, pp.403-415.
Southwick, S. M., M. Vythilingam and D. S. Charney [2005], "The psychobiology of depression and resilience to stress: implications for prevention and treatment," *Annual Review of Clinical Psychology,* 255-91.
Weick, K. E. and K. M. Sutcliffe [2007], *Managing the Unexpected-Resilient Performance in an Age of Uncertainty*, 2nd. ed., John Wiley & Sons.
Yerkes, R. M. and J. D. Dodson [1908], "The relation of strength of stimulus to rapidity of habit-formation, "*Journal of Comparative Neurology and Psychology,* 18:459-482.

Reducing disaster risk, UNDP, 2004.
World Risk Report, United Nations University, 2011.

イーグルバス株式会社HP《www.busmap.jp/saitekika/2011_1saitekika.pdf》

NHK、2011年10月3日放送番組「巨大津波　そのとき人はどう動いたか」。

航空連合政策セミナー第2部「LCCの正体」2012年2月18日。

『トランヴェール』ＪＲ東日本、2013年9月。

『日経ビジネス』2010年5月3日。

『日経ビジネス』2011年5月1日。

『日本経済新聞』2007年7月17日。

『日本経済新聞』2015年11月22日。

Brooks, L. [2004], *Business and Professional Ethics for Directors, Executives, and Accountants,* Thomson.

Clark, A. E., E. D. Diener, Y. Georgellis and R. E. Lucas [2006]、"Lags and Leads in Life Satisfaction: A Test of the Baseline Hypothesis," Discussion Paper No. 2526, The Institute for the Study of Labor (IZA).

Collins, J. [2009], *How the Mighty Fall: And Why Some Companies Never Give In,* Harper Collins Publishers Inc.

Cressey,D.R [1973], *Other People's Money: A Study in the Social Psychology of Embezzlement,* Wadsworth Publishing Company.

Csikszentmihalyi, M. [2003], *Good Business: Leadership, Flow and the Making of Meaning.*（大森弘監訳［2008］『フロー体験とグッドビジネス』世界思想社。）

Davis, I., et. al [2006], *Learning from Disaster Recovery: Guidance for Decision Makers,* International Recovery Platform (IRP).

Freiberg, K. and J. Freiberg [1996], *Southwest Airlines Crazy Recipe for Business and Personal Success, Nuts,* Crown Business（小幡照雄訳［1997］『破天荒！　サウスウエスト航空』日経BPセンター。）

Henrich, H. W., et. al [1980], *Industrial Accident Prevention* 5*th* ed., Mcgraw-Hill.（井上威恭監修，総合安全研究所訳『ハインリッヒ産業災害防止論』海文堂。）

Jackson, S. A. and M. Csikezentmihaly [1999], *Flow in Sports: The Keys to optimal experiences and performances.*（今村浩明・川端雅人・張本文昭訳［2005］『スポーツを楽しむ：フロー理論からのアプローチ』世界思想社。）

Liker, J. K. and T. N. Ogden [2010], *Toyota Under Fire:Lessons for Turning Crisis into Opportunity.*（山岡洋一訳［2011］『トヨタ　危機の教訓』日経BP社。）

Mackey, J. and R. Seligman [2013], *Conscious Capitalism:Liberating the Heroic Spirit of Business,* Harvard Business Publishing Corporation.（鈴木立哉訳［2014］『世界で一番大切にしたい会社：コンシャス・カンパニー』翔泳社。）

Maddi, S. R. and R. M. Khoshaba [2005], *Resilience At Work: How To Succeed No Matter What Life Throes At You.*（山﨑康司訳［2005］『仕事ストレスで伸びる人の心理学』ダイヤモンド社。）

Milliman J., J. Ferguson, D. Trickett and B. Condemi [1999], "Spirit and community at Southwest Airlines: An investigation of a spiritual values-based model," *Journal of Organizational Change Management,* Vol.12, No.3.

潜同文子［2003］「知識労働者の時代における企業の経営戦略としてのフローの意義」、今村浩明・浅川希洋志編『フロー理論の展開』世界思想社。

辻　秀一［2008］『フローカンパニー』ビジネス社。

独立行政法人情報処理推進機構［2012］『組織内部者の不正行為によるインシデント調査報告書』。

中嶋秀隆［2012］『再起する力』生産性出版。

中村八郎・吉田太郎［2011］『防災大国キューバに世界が注目するわけ』築地書館。

中牧弘允・日置弘一郎［2009］『会社の中の宗教―経営人類学の視点』東方出版。

野口定男［2015］『世俗の価値を超えて、菜根譚』鉄筆文庫。

林　敏彦［2011］『大災害の経済学』PHP新書。

平野真理［2012］「生得性・後天性の観点から見たレジリエンスの展望」『東京大学大学院教育学研究科紀要』52巻。

引頭麻実編著［2013］『JAL再生、高収益企業への転換』日本経済新聞出版社。

東出浩教、大久保秀夫［2010］『幸せをつむぐ会社』ワンプルーフ。

平田雅彦［2010］『ドラッカーに先駆けた江戸商人の思想』日経BP社。

日吉信弘［2002］『保険とリスクマネジメント（2002年版）』損害保険事業総合研究所。

広瀬弘忠［2006］『無防備な日本人』ちくま新書。

広瀬弘忠［2007］『災害防衛論』集英社新書。

広瀬弘忠［2011］『巨大災害の世紀を生き抜く』集英社新書。

藤井　聡ほか［2012］「経済の強靭性（Economic Resilience）に関する研究の展望」、RIETI Policy Discussion Paper Series 12-P-008。

諸富祥彦［2013］『フランクリン　夜と霧』NHK「100分de名著」ブックス。

山村武彦［2011］「社会全体で社会の安全を支える仕組みを」『月間 ガバナンス』October、ぎょうせい。

湯浅邦弘［2014］『菜根譚』NHK出版。

吉川肇子［2000］『リスクとつきあう』有斐閣。

Achor, S. [2012], “Positive Intelligence,” *Harvard Business Review,* Jan-Feb.（二ノ方俊治訳［2012］「ポジティブ思考の知能指数」『ダイヤモンドハーバード・ビジネス・レビュー』5月号。）

Arup & Partners International Limited [2014], City Resilience Framework, City Resilience Index.

Bandler, R. and J. Grinder [1981], *Reframing: Neuro-Linguistic Programming and the Transformation of Meaning.*（吉本武史・越川弘吉訳［1988］『リフレーミング―心理的枠組みの変換をもたらすもの―』星和書店。）

〈参考文献〉

足立啓美・鈴木水季・久世浩司［2014］『子どもの逆境に負けない心を育てる本』法研。

池内計司［2008］『つらぬく経営』エクスナレッジ。

稲盛和夫［2004］『稲盛和夫、私の履歴書、稲森和夫のガキの自叙伝』日経ビジネス文庫。

稲盛和夫［2006］『アメーバ経営』日本経済新聞社。

稲盛和夫［2007］『稲盛和夫の経営塾』日経ビジネス文庫。

井上達彦［2014］『ブラックスワンの経営学』日経BP社。

上田和勇［2012］「3・11後の日本に求められるリスクマネジメント―震災・津波と企業の復元力―」『危険と管理』第43号、日本リスクマネジメント学会。

上田和勇［2014］『事例で学ぶリスクマネジメント入門（第2版）』同文舘出版。

上田和勇［2014］「リスクマネジメントの社会での役割・機能」『危険と管理』第45号、日本リスクマネジメント学会。

上田惇生［2011］『ドラッカー　マネジメント』ＮＨＫ「100分de名著」ブックス。

枝廣淳子［2015］『レジリエンスとは何か』東洋経済新報社。

加護野忠男［2011］『松下幸之助に学ぶ経営学』日経プレミアシリーズ。

加藤敏・八木剛平［2009］『レジリアンス―現代精神医学の新しいパラダイム』金原出版。

亀井利明［2002］『企業危機管理と家庭危機管理の展開』危機管理総合研究所。

亀井利明・亀井克之［2012］『ソーシャル・リスクマネジメント論』同文舘出版。

狩俣正雄［2009］『信頼の経営』中央経済社。

（財）企業共済協会［2015］『企業倒産調査年報（2014年度調査）』。

久世浩司［2014］『レジリエンスの鍛え方』実業之日本社。

久世浩司［2015］『リーダーのためのレジリエンス入門』PHPビジネス新書。

栗木契・水越康介・吉田満梨編（2012年）『マーケティング・リフレーミング』有斐閣。

金野靖彦［2013］「震災復興の現場から、岩手編」『経済同友』10月号。

坂根正弘［2011］『ダントツ経営』日本経済新聞出版社。

椎野　睦［2011］「ユーモアの自己支援的効果と抑うつの関連性」『立正大学心理学研究年報』第3号。

人名索引

〔た行〕

事項索引

■著者紹介

上田　和勇（うえだ　かずお）

1974年　早稲田大学商学部卒業，安田火災海上保険(株)入社，1976年同社退社
1979年　早稲田大学大学院商学研究科修士課程修了
1982年　早稲田大学大学院商学研究科博士課程修了
1982年　専修大学助手，1984年専修大学専任講師，87年専修大学助教授
1993年　専修大学教授，現在にいたる
1995年9月　商学博士（早稲田大学）
1995年～1996年　ロンドン　シティ大学客員研究員，シドニー保険研究所に籍をおき調査
2001年～2008年　専修大学商学研究所所長
2009年～2015年　専修大学大学院商学研究科長
2009年～2014年　日本リスクマネジメント学会理事長
2014年～2016年　日本リスクマネジメント学会会長
2016年～現　在　日本リスクマネジメント学会理事長

〈主な著書〉
『企業価値創造型リスクマネジメント―その概念と事例―』第4版（2007年，白桃書房，日本リスクマネジメント学会学会賞受賞図書）
『企業経営とリスクマネジメントの新潮流』（編著，2009年，白桃書房）
『NPOのリスクマネジメント』（共著，2009年，白桃書房）
『事例で学ぶリスクマネジメント入門』第2版（2014年，同文舘出版，ソーシャル・リスクマネジメント学会賞受賞図書）
『企業倫理リスクのマネジメント』（2014年，同文舘出版）
『持続可能型保険企業への変貌』第四版（2017年，同文舘出版）

平成28年7月25日　初 版 発 行　《検印省略》
令和2年3月20日　初版4刷発行　略称：レジリエンス

ビジネス・レジリエンス思考法
—リスクマネジメントによる危機克服と成長—

著　者　上　田　和　勇
発行者　中　島　治　久

発行所　同文舘出版株式会社
東京都千代田区神田神保町1-41　〒101-0051
電話　営業(03)3294-1801　編集(03)3294-1803
振替 00100-8-42935　http://www.dobunkan.co.jp

Printed in Japan 2016　製版：一企画
印刷・製本：萩原印刷

ISBN 978-4-495-38701-3